挿花百規を愉しむ

坤

もくじ

『挿花百規』の読み解き方　瀬島弘秀……4
『挿花百規　坤』表紙……7
五十一図――燕子花……9
五十二図――芥子……10
五十三図――銀宝珠……11
五十四図――椿……12
五十五図――連翹……13
五十六図――梅　葉牡丹……14
五十七図――燕子花……15
五十八図――えんどう……16
五十九図――燕子花……17
六十図――桔梗……18
六十一図――紫木蓮……19
六十二図――蓮……20
六十三図――小菊……21
六十四図――矢車草……22
六十五図――紫蘭……23
六十六図――菊……24
六十七図――小菊……25
六十八図――千両……26
六十九図――燕子花……27
七十図――薄　うこん……28
七十一図――梅　福寿草……29
七十二図――狗子柳　小菊……30
七十三図――芥子……31
七十四図――千両……32
七十五図――菊……33
七十六図――葉蘭　小菊……34
七十七図――水仙……35

七十八図――ゆり……36
七十九図――狗子柳　燕子花……37
八十図――菊……38
八十一図――燕子花……39
八十二図――川柳　椿……40
八十三図――燕子花……41
八十四図――梅　椿……42
八十五図――燕子花……43
八十六図――牽牛花……44
八十七図――ゆり……45
八十八図――椿……46
八十九図――木瓜……47
九十図――椿……48
九十一図――蓮……49
九十二図――水仙……50
九十三図――茶　小菊……51
九十四図――寒竹　都忘れ……52
九十五図――菊……53
九十六図――梅　寒菊……54
九十七図――菊……55
九十八図――椿……56
九十九図――茶　小菊……57
百図――菊……58
跋文……60
資料　池坊専定が描いた草木……61
池坊専定伝……69

【作品解説】
柴田英雄　瀬島弘秀　伊貝玉永
松永　滋　古川守彦　東　勝行
竹内稔晴　井上三郎　中村福宏
井口寒来　倉田克史

※一部、月刊誌連載、花展会場での作品キャプションを加筆・修正した解説を含みます。

『挿花百規』の読み解き方

瀬島弘秀

池坊専定は、池坊の歴史において非常に重要な人物で、当時の時代背景をよく把握した上で今日の生花の礎を作り、その発展に尽くした偉大な家元でした。

十八歳で若くして六角堂頂法寺の住職を継承すると同時に、四十世家元になり、さらに、芸術的素質をも身に付けた人であったといわれています。

花人であり、画家であり、歌人であった専定は、絵筆の心で鋏を持ち、歌の心で花を作意しました。その作品への態度については、

研磨の功を得て優美玄妙の場に至るべし

と言い残しており、これは現在の伝書の

事少きによりて意味かえって深し

という、省略した空間に無限の内容を感じさせることに通じると思われます。また、専定は、次のような言葉も残しています。

ふもとより分け登りておくの花も知るべし
いかに賢きとて麓より深山のおくは察し得かたし　二つとはこびて　十の数をもしるべし

僧侶としての立場を持つ専定は、悟りの道も花の道も即席の方法がないことをよく理解していました。いけばなに対しては、自然の季節の移り変わりの中で、草木をよく見つめ、観察し、自分が感動する心を捉えていけることが大切なのをよく理解していたのだと思います。

『挿花百規』は、まだ生花として未完成ですが、専定はこの中で天地人の三儀の確立を目指し、定式化した生花の格の確立に努めました。

専定は、天地人の三儀について次のように述べています。

花に陰陽表裏兼る心得有るべき事

天地人　真添根〆　〻の心

この心を具体的に示したのが『挿花百規』です。

『挿花百規』の根本理念は、池坊いけばなの根幹にある、池坊専応の伝書『池坊専応口伝』の序の一文にあるかと思います。ここに、

瓶に花をさす事いにしへよりあるとはきゝ侍れど、それはうつくしき花をのみ賞して、草木の風興をもわきまへず、只さし生たる計なり。この一流は野山水辺をのづからなる姿を居上にあらはし、花葉をかざり、よろしき面かげをもとゝし、先祖さし初しより一道世にひろまりて、都鄙のもてあそびとなれる也

とあるように、専定もこの意を酌《く》み、草木が雨露風雪にさらされながらも生きようとする姿、生命の尊さを自分の目で確かめ、心象を簡潔に作品として残しているのではないでしょうか。

作品全般を見ていくと、真に呼応して第二枝の副が立ち昇り、第三枝の体は水際に短く控えさせ、植物の生成を表すようにいけられています。特徴としては、次のようなことが言えると思います。

○素材となった草木固有の美が生かされている

○器の形によって、その形と一体となっている

○草木の姿勢とその強弱が考えられている

○外面的なバランスよりも、内面的なバランスを重視している
○真副の呼応が強く、体でそれを押さえている
○草木の命と環境を重視し、素朴簡素に表現されている
○形に固執せず、大きく省略した空間を重視し、生き生きとした表情の演出がなされている

専定の、華道人としての豊かな芸術才能が発揮された『挿花百規』の作品からは、見るたびに新しい感動が得られます。

わが国は、春夏秋冬、四季折々の草木の姿を楽しむことができます。これは、今も昔も変わらないことで、専定の感じた草木への感動を追体験することが可能です。『挿花百規』はその一助となるもので、『池坊専応口伝』の示した世界観を、後の世の池坊人と共有したい思いが専定にはあったのかもしれません。

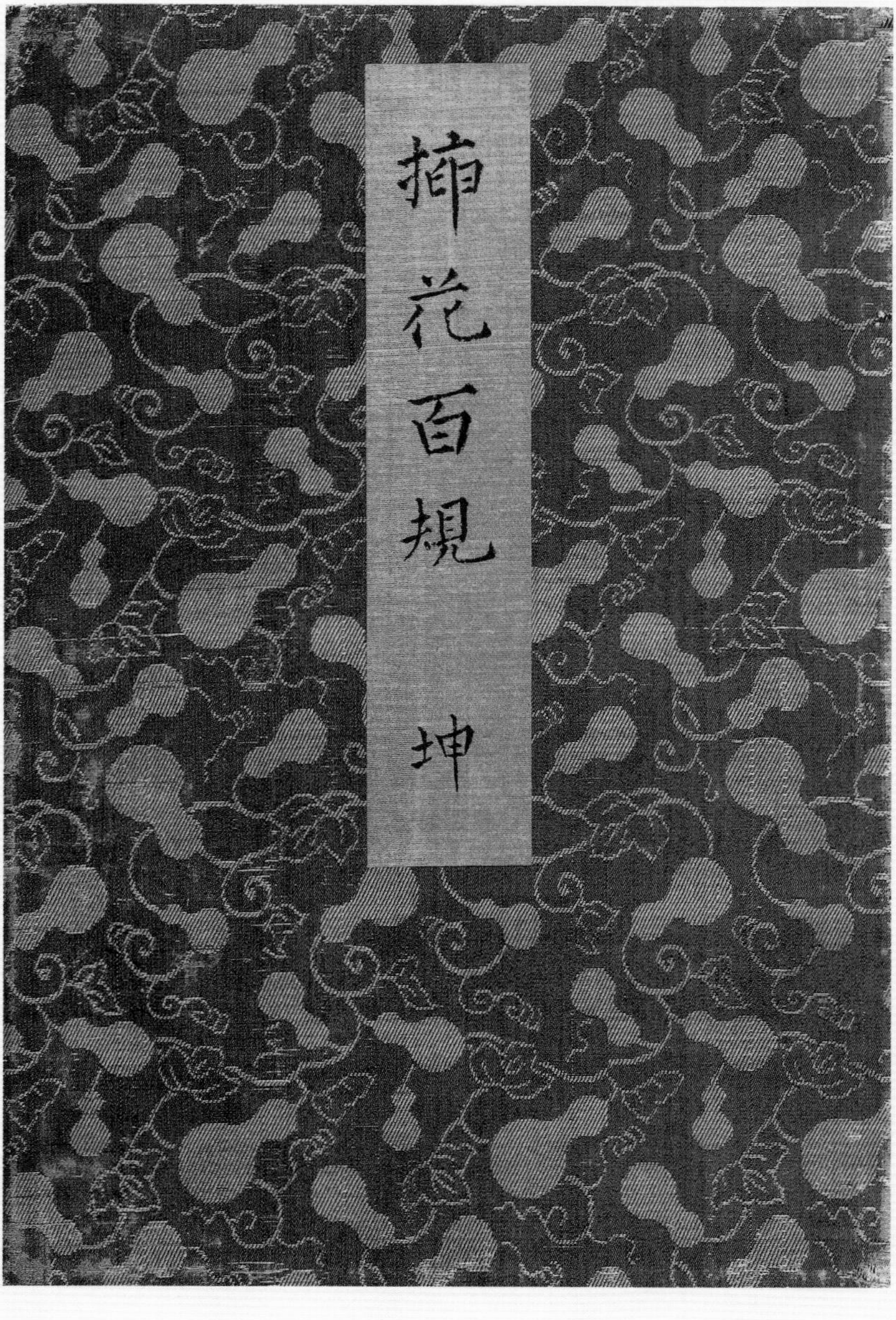
揷花百規
坤

【五十一図】

燕子花

春の燕子花の初々しさを表した作品です。体の三枚葉の組み方は現在と異なっており、専定好みとなっています。真葉一枚の後ろの蕾をよく見せるために、後ろ遣いの陽葉を長くしています。また、後ろ副二枚を低く締め、真に伸びを出す春の手法が見られます。花器に描かれた蝙蝠《こうもり》は、吉祥文として尊ばれています。

井口寒来

【五十二図】芥子

芥子《けし》の内包する思いを、型ではなく姿に映し、そのかれんな美を主体としながらいけられています。しかしながら、ゆがんだ花器を用い、また芥子坊主が葉の形状に押し出されて見えることから、そこには芥子という存在のアイロニーが感じられます。

倉田克史

【五十三図】銀宝珠

口の広い花器に、大きな銀宝珠の葉三枚が、それぞれ表情を変えながら配置されています。低い方の花の後ろには小さな葉があり、これが大きな葉をより雄大に見せています。

長く伸び立つ一本の花は優美な曲がりを持ち、先の方で少し首をかしげているようです。下の花と対話し、ほほ笑んでいる感じがします。

瀬島弘秀

【五十四図】椿

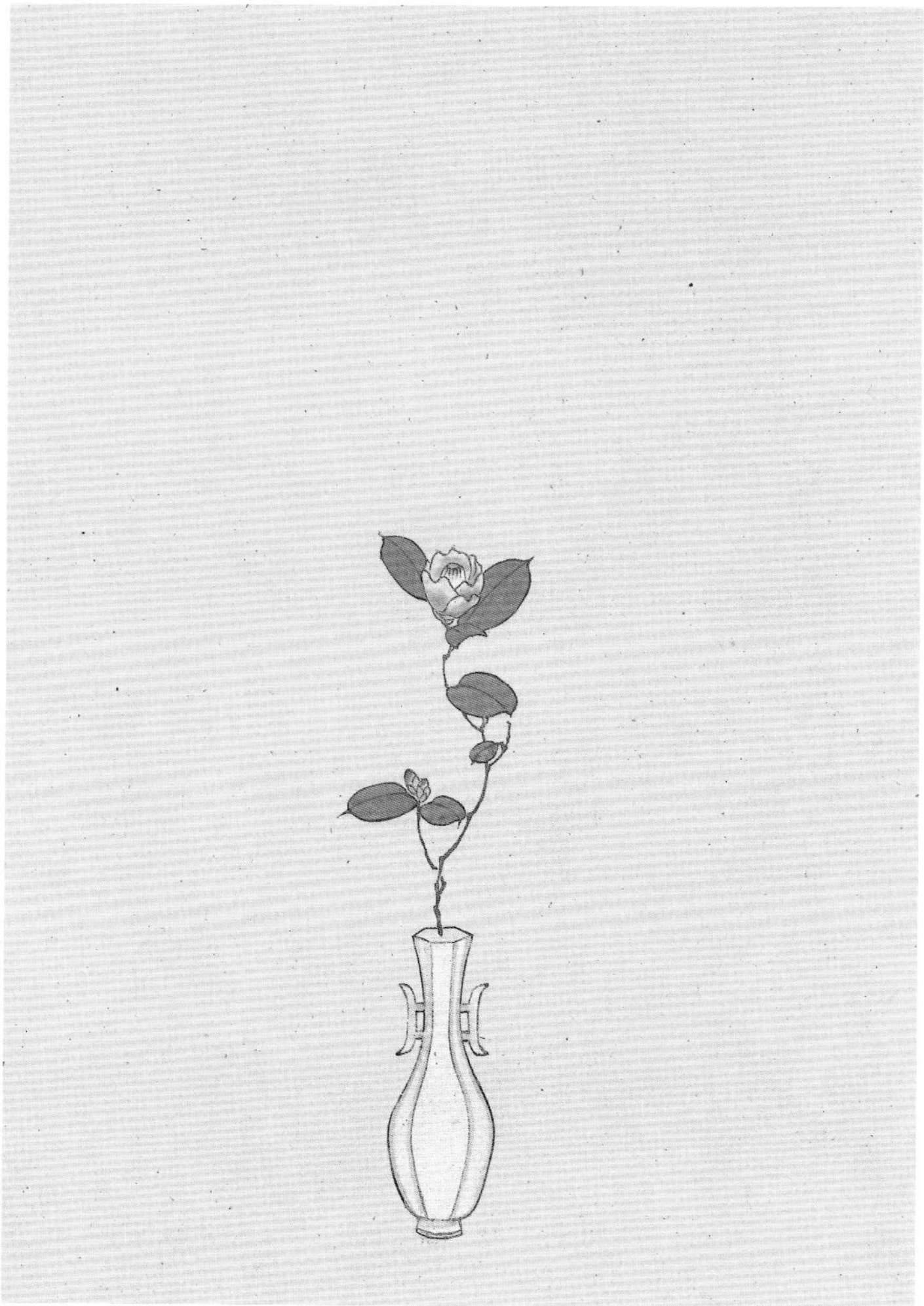

椿が一枝でいけられた、今日でいう「椿一輪」です。
上方にある開花は、実生の椿が初めて咲いた喜びの花のようで、下方の蕾は未来の成長を暗示していま
す。伝花「椿一輪」では三枚半とする葉数ですが、この作品にも半枚の葉が見られます。専定の、ぎりぎりの選択を迫られた葛藤が感じられます。

伊貝玉永

【五十五図】連翹

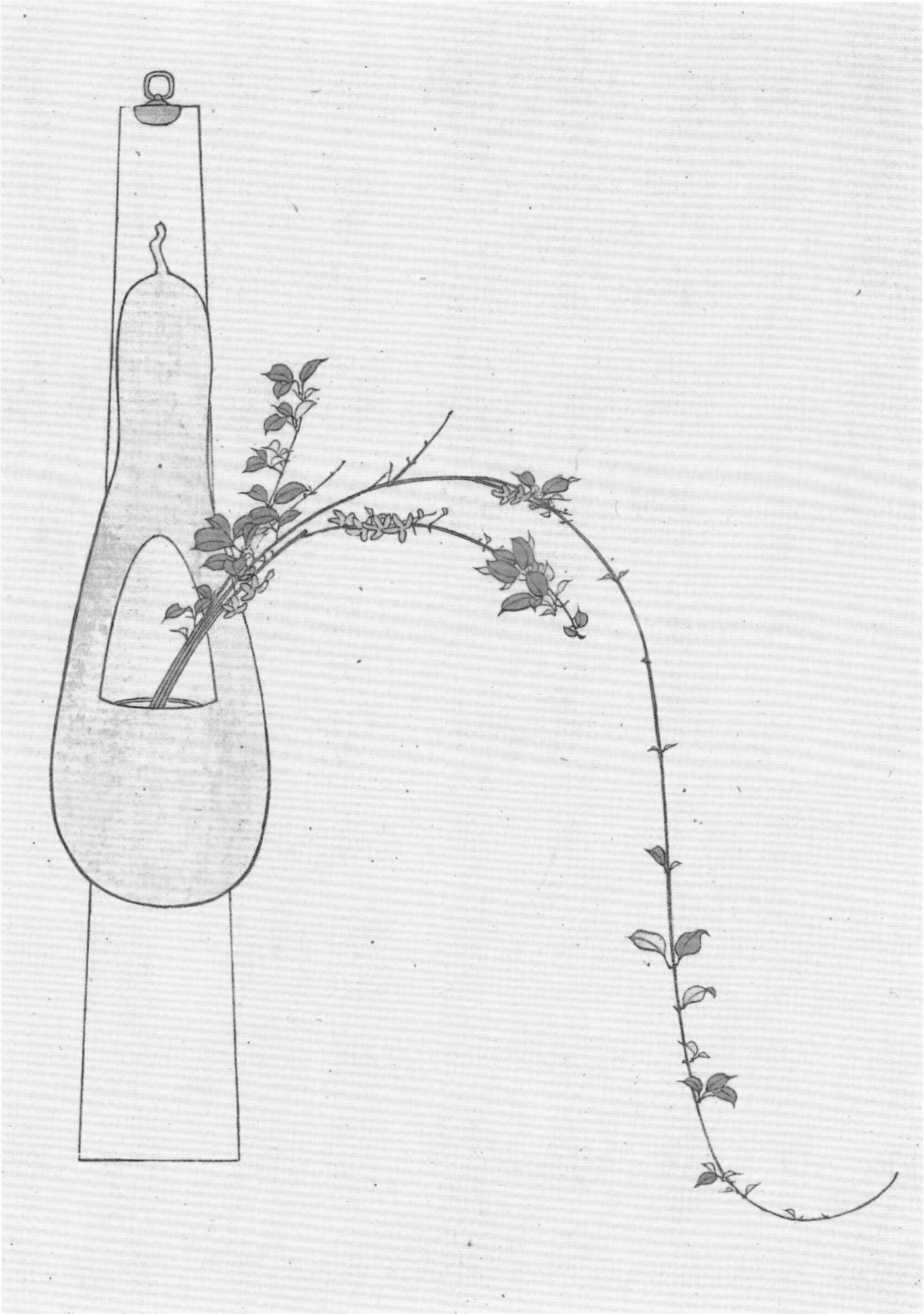

『挿花百規』には、掛け花(向掛、横掛)が九作収録されています。この作品は十二図と同じく垂撥《すいはつ》と瓢《ひさご》の花器にいけられた向掛です。

付き葉の多い連翹が用いられており、盛りを過ぎた残花と見られます。垂れ物らしく、伸び伸びと美しくいけられています。垂れ物の扱いとしては、枝先を上げることが大切です。

松永 滋

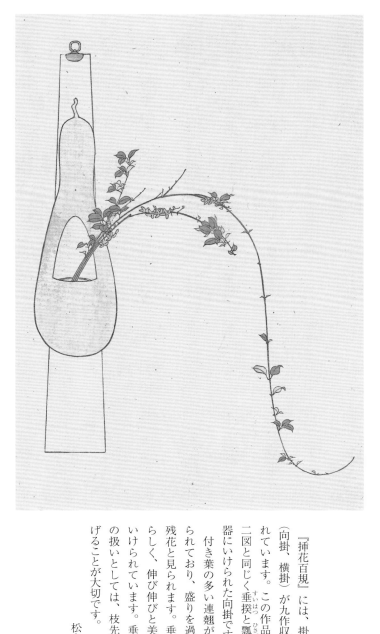

【五十六図】

梅　葉牡丹

『挿花百規』の作品は、いずれも少ない枝の中に、その草木のおのずからなる姿がよく捉えられていると共に、鋏を入れるごとに息づく草木の命が浮き彫りにされています。

作品は、真のずわえに柔らかいしなりを見せ、険しい表情の梅の古木が副に控えています。葉牡丹は一つでは弱く、三つでは強過ぎます。

柴田英雄

【五十七図】燕子花

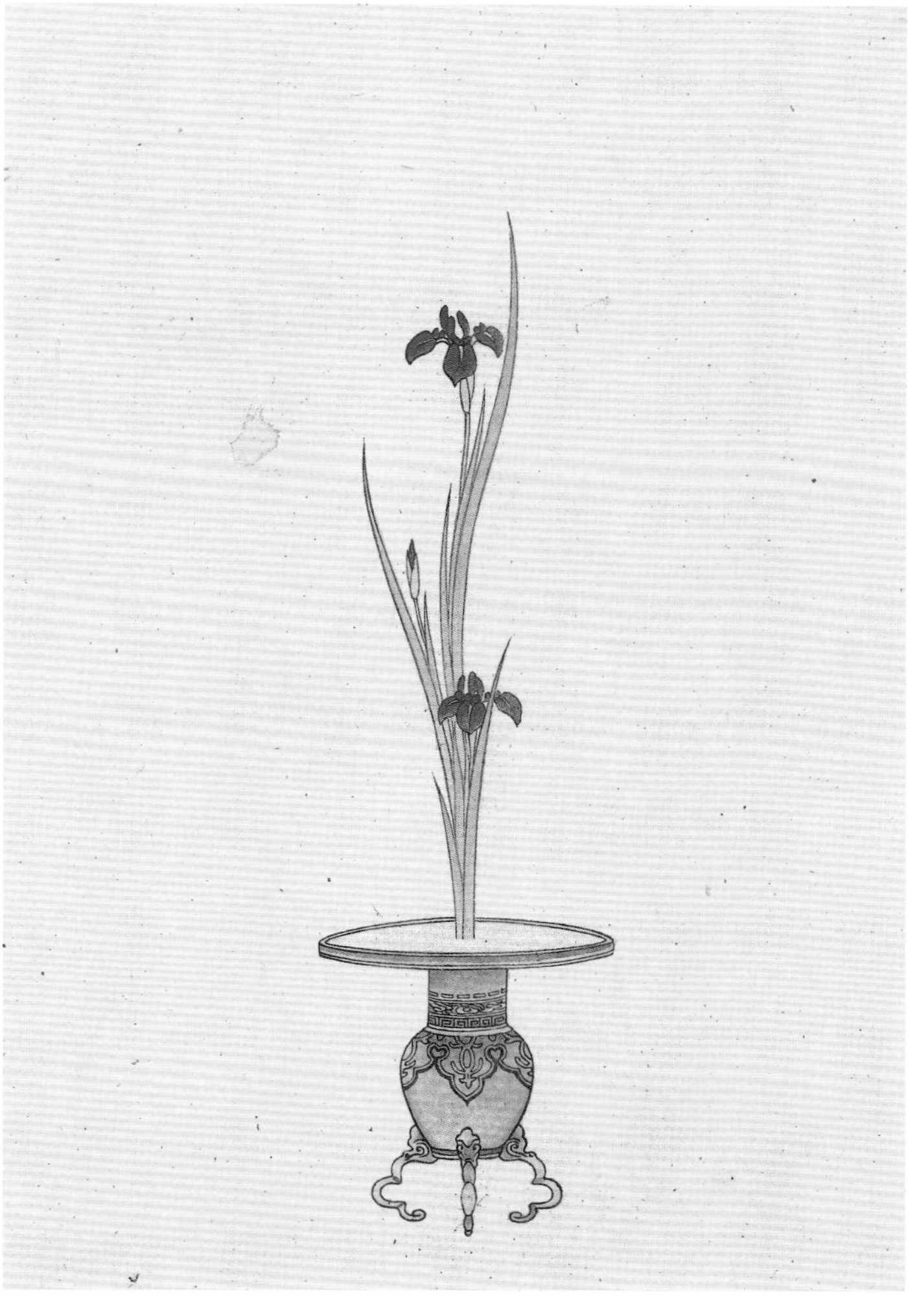

花三輪、葉数九枚で、春の燕子花の爽やかな風趣が安らかにいけられています。
体の三枚葉に付けた水切り葉一枚が春の初々しい雰囲気を出し、副は蕾と共に引き締めることで、真の葉の伸びやかな成長感を際立てています。緩急の効いた作品です。水切り葉については、専明（四十一世）の『生花株要記』の「燕子花生方の事」が参考になります。
井口寒来

【五十八図】

えんどう

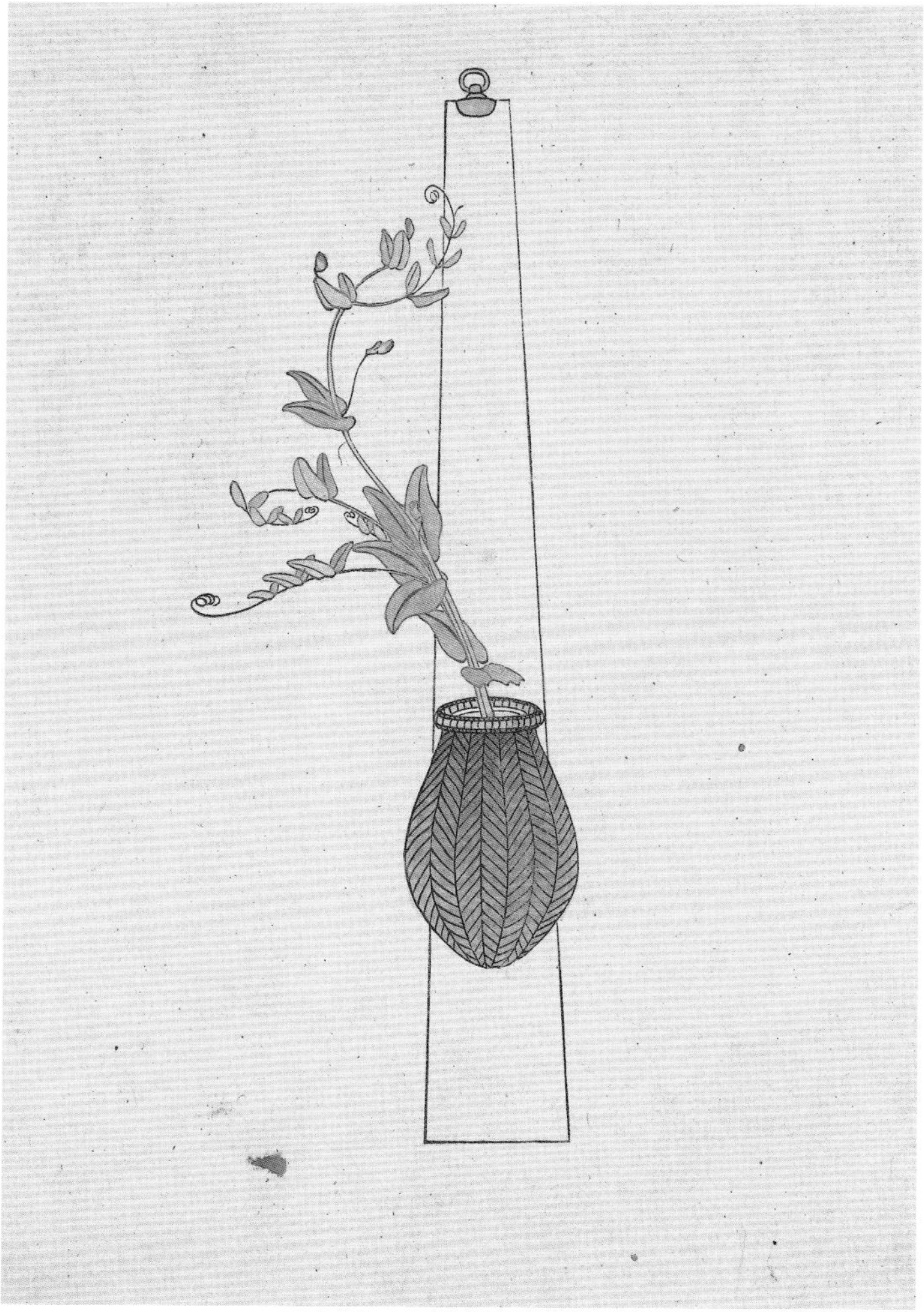

天空を目指し、懸命に伸びようとする真。それを引き止めようとするかのような副。優しい姿の陰に、厳しい自然を生き抜く様子が見えてくるようです。葉先の巻きひげが愛らしく、マメ科の植物の性状がよく表されています。水際の破れた一枚の葉がよく効いています。

古川守彦

【五十九図】燕子花

木瓜《もっこう》形の水盤に広々とした水面を感じさせ、夏の水草を伸びやかに、また優雅にいけた作品です。開花の後ろ遣いとした一枚の葉は、表を見せながら緩やかな曲線をつけて立ち昇らせています。初夏の燕子花の出生美をよく捉えており、体の三枚葉の内の一枚を副の前のあしらいに働かせています。

東勝行

【六十図】桔梗

『抛入花伝書』に「しだりたる物は船にとり合よきもの也」とあるように、「櫓櫂の心」を意識しながらも、桔梗が「のびやかなる風情」の姿でいけられています。

天地人の三儀には必ずしも捉われず、水際を中心に置かないことによって船に速さを感じます。

竹内稔晴

【六十一図】紫木蓮

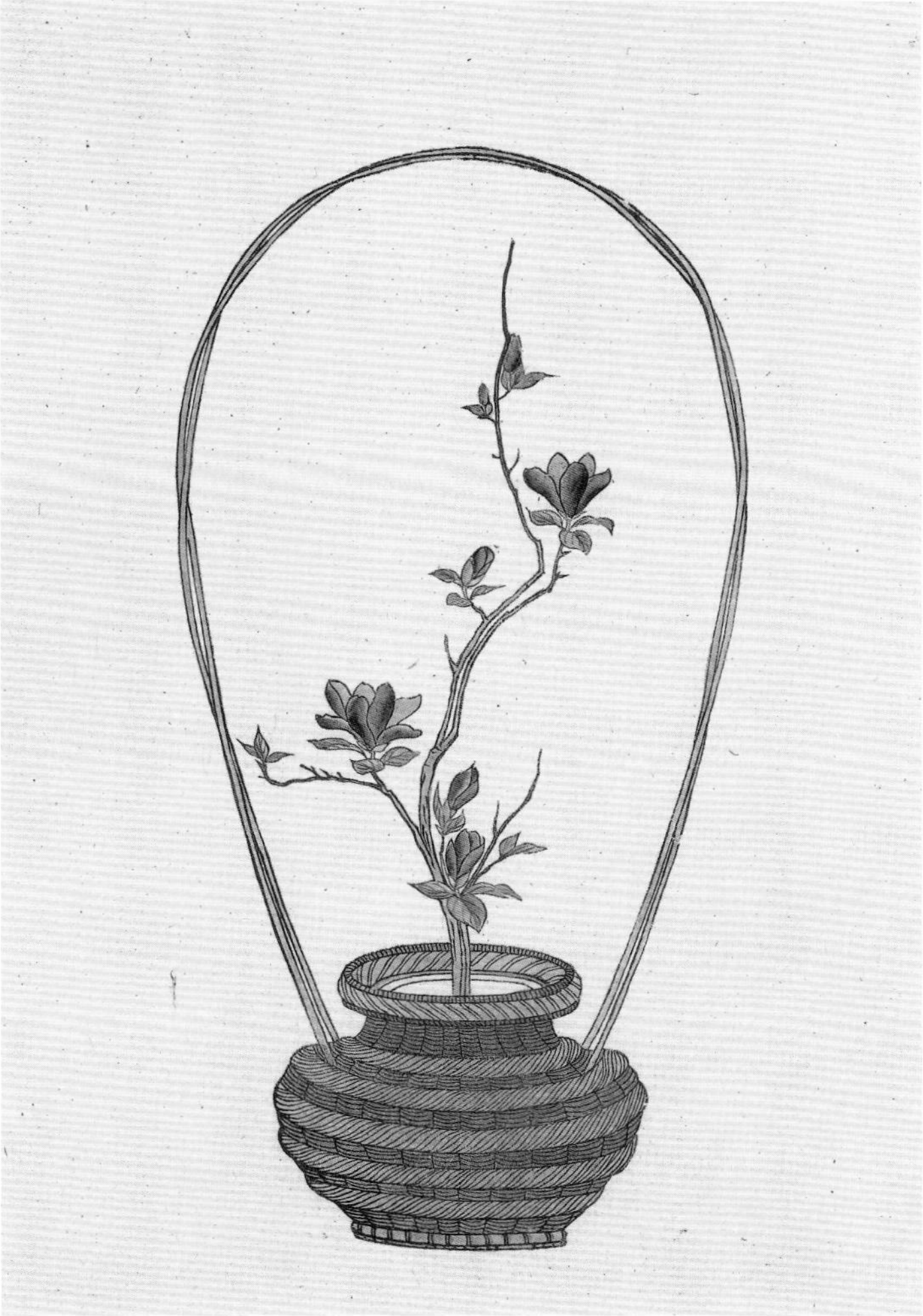

木蓮は撓《た》めにくく折れやすい、扱いの難しい花材です。

作品は、副に大きな開花を用い、それに真の花を呼応させています。体には開きかけの花を配し、そのバランスの取れた構成が見どころです。籠には、大輪の花やにぎやかな花が合うといわれますが、まさにそれを感じさせます。

井上三郎

【六十二図】

蓮

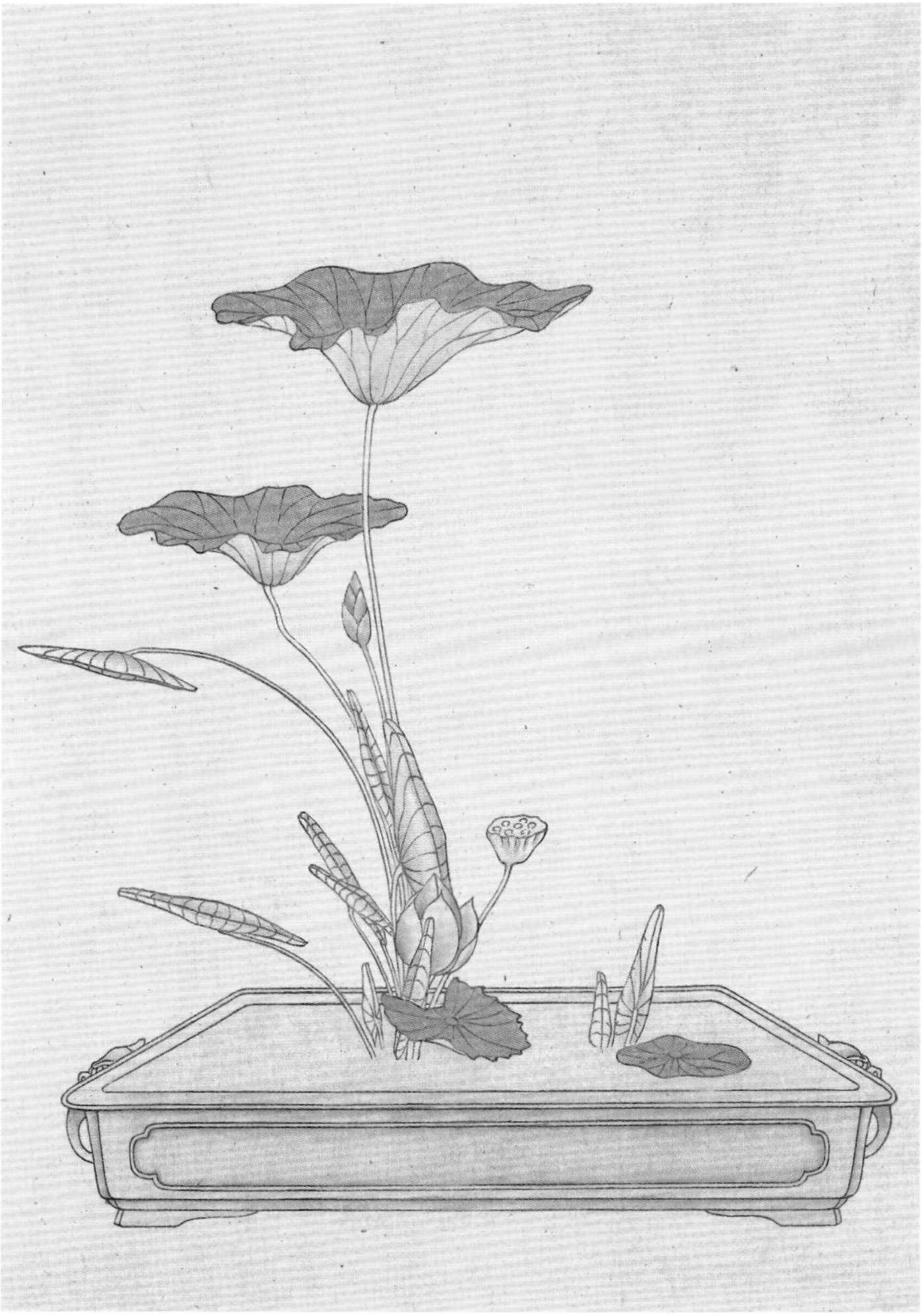

蓮の三世の変化がよく表されています。『池坊専応口伝』にいう「さとりの種」を得るのに一番近い花材かもしれません。

全体として真副の形が見えますが、体は水際がまとまっていないため、はっきりとしません。水の中で一本になっているのでしょうか。砂鉢右側に見える水面から顔を出した巻葉に、命の息吹を感じます。

中村福宏

【六十三図】小菊

わずかな二本の白菊がそっと佇むだけで、生花の形が出来上がっています。素朴で素直、純で何の汚れもありません。初心の誠によっていけられたものでしょう。草木に注がれる目は、挿者によって新しい生命を与えられ、新しい世界が形象されます。器も侘びたごま竹が用いられ、花との調和が吟味されています。

柴田英雄

【六十四図】矢車草

高坏《たかつき》形古銅に、矢車草がすらりと粋な姿にいけられています。細身の茎の長短と、五輪の花の粗密強弱が効いていて、妙《たえ》なる響きが感じられます。

また、真の腰に合わせて引き締めた副に対し、体先のはずみのある葉が見事に呼応しています。陽方下段にわずかに出た葉一枚も、出生をよく表しています。

井口寒来

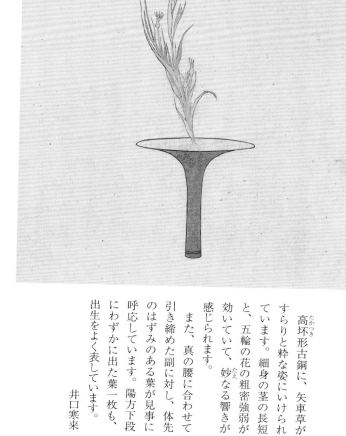

【六十五図】紫蘭

すらりと伸びを見せる真と、くつろいだ表情の副が呼応し、みずみずしい空間を作り出しています。

また、葉をもぎ、体はずしとすることで上方の空間の充実を図るとともに、水面に見せた石によって下方に力を加え、足元を引き締めています。感覚のさえがうかがえる作品です。

倉田克史

【六十六図】

菊

優雅な風情を見せる真。そして、それに寄り添うように副を低く出合わせています。わずかに真の菊花の色が濃く、下にいくに従って明るくなっています。体には小ぶりの花と蕾を用いて水際を引き締めています。それぞれの役枝が、生き生きと空間に配置され、気品ある作品となっています。

瀬島弘秀

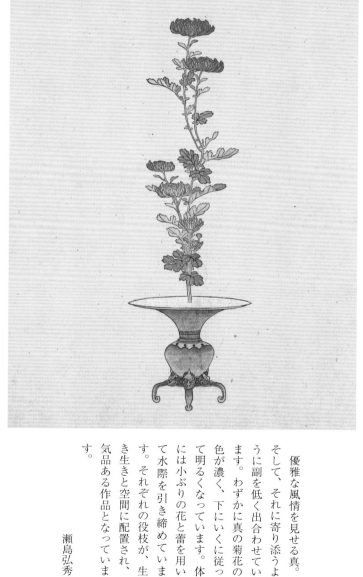

【六十七図】

小菊

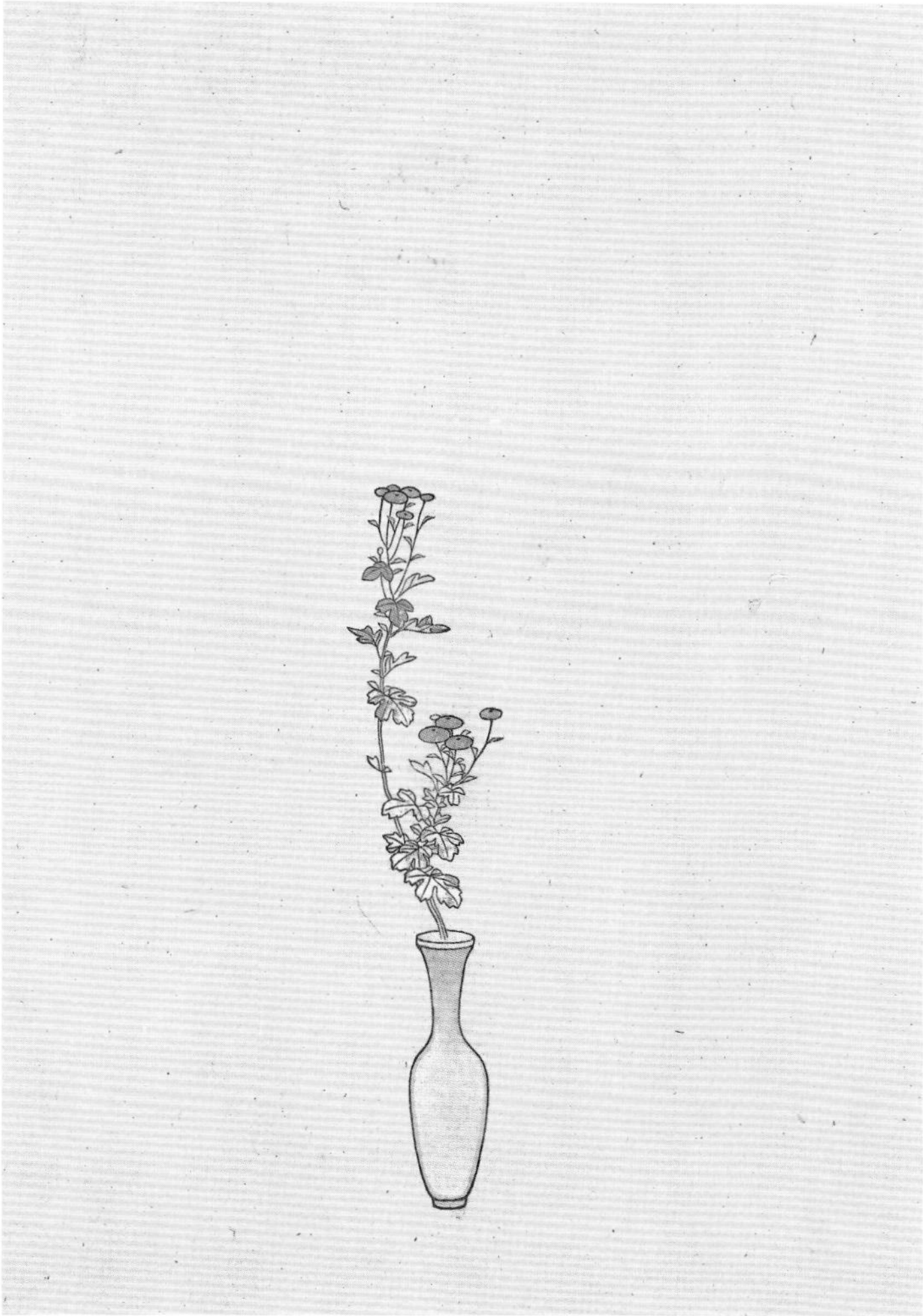

副はずしとした、小菊の一種生です。真の枝は大きく陽方に湾曲し、正中線を外しています。体の枝は重量を持たせ、二分の一の高さにまで上げてバランスを取っています。

水際にある葉が体座として働いており、重要な役割を果たしています。

伊貝玉永

【六十八図】千両

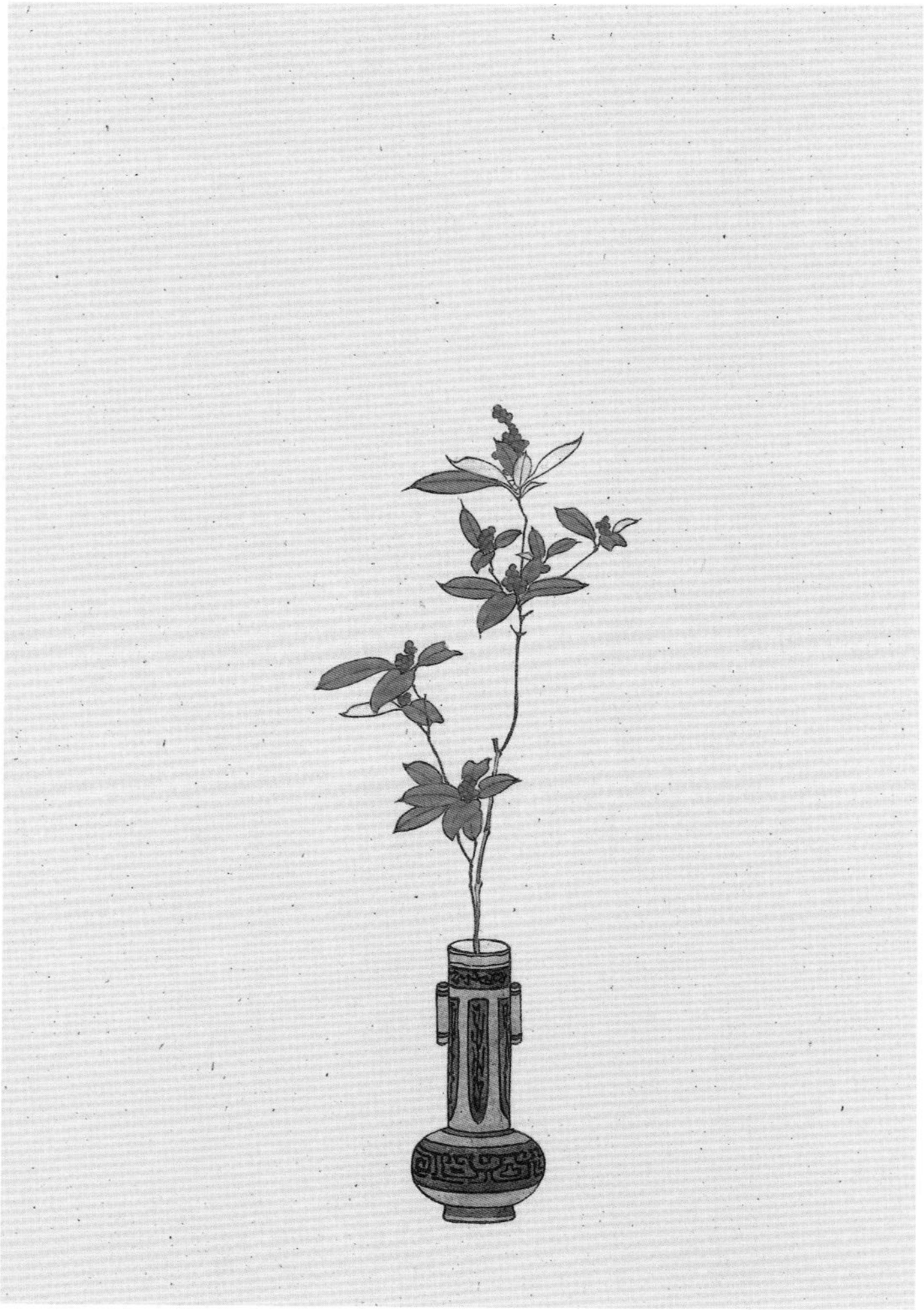

小ぶりにいけた、千両の一種生です。生花新風体の主、用の対応を感じさせる作品です。

第一枝と第二枝の対応が素晴らしく、立ち昇る二本の千両の姿に、みずみずしい生命感が宿っています。「生花巻」にある〝一輪にて数輪に及ぶ道理なれば 数すくなきは心深し〟の教えを感じる作品です。

松永 滋

【六十九図】

燕子花

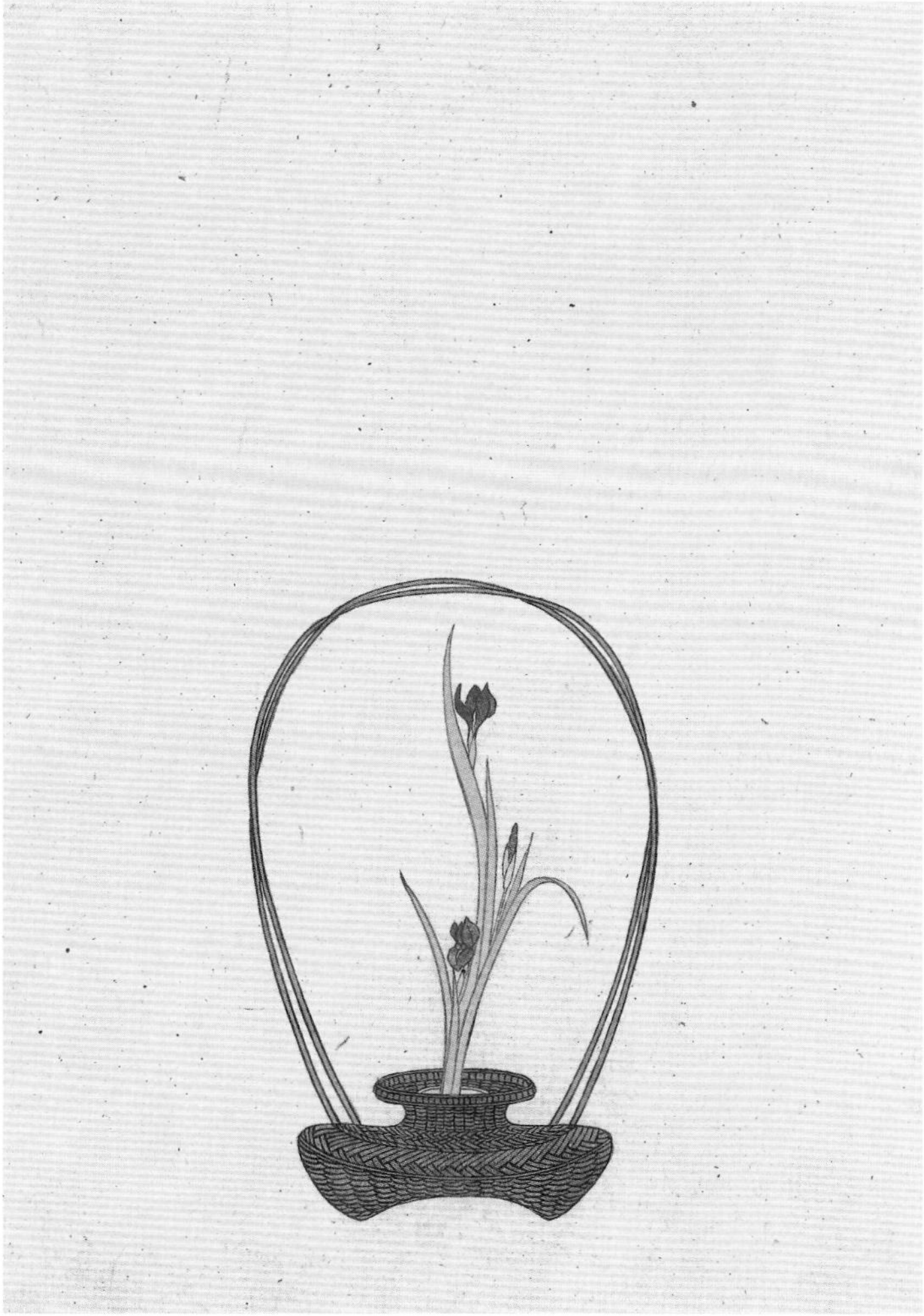

数少ない花材で、花葉を生き生きしたとした姿に配置しています。特に副の蕾が低く、今にも勢い強く余白の部分に立ち伸び、立派な花を咲かせる予兆が感じられます。籠の手の中という限られた空間ですが、燕子花の表情をよく捉え、詩情豊かにいけられていま す。葉組みの決まりは、まだないようです。

瀬島弘秀

【七十図】

薄　うこん

大きな壺に薄とうこんをいけた、大型の植物ならではの迫力ある作品です。うこんは花を付けており、その花を守るかのように大葉が囲む出生を見せています。後ろに薄を配したことで、秋の気配を感じさせています。

芭蕉のように破れた葉は、ここには見られません。

古川守彦

【七十一図】

梅　福寿草

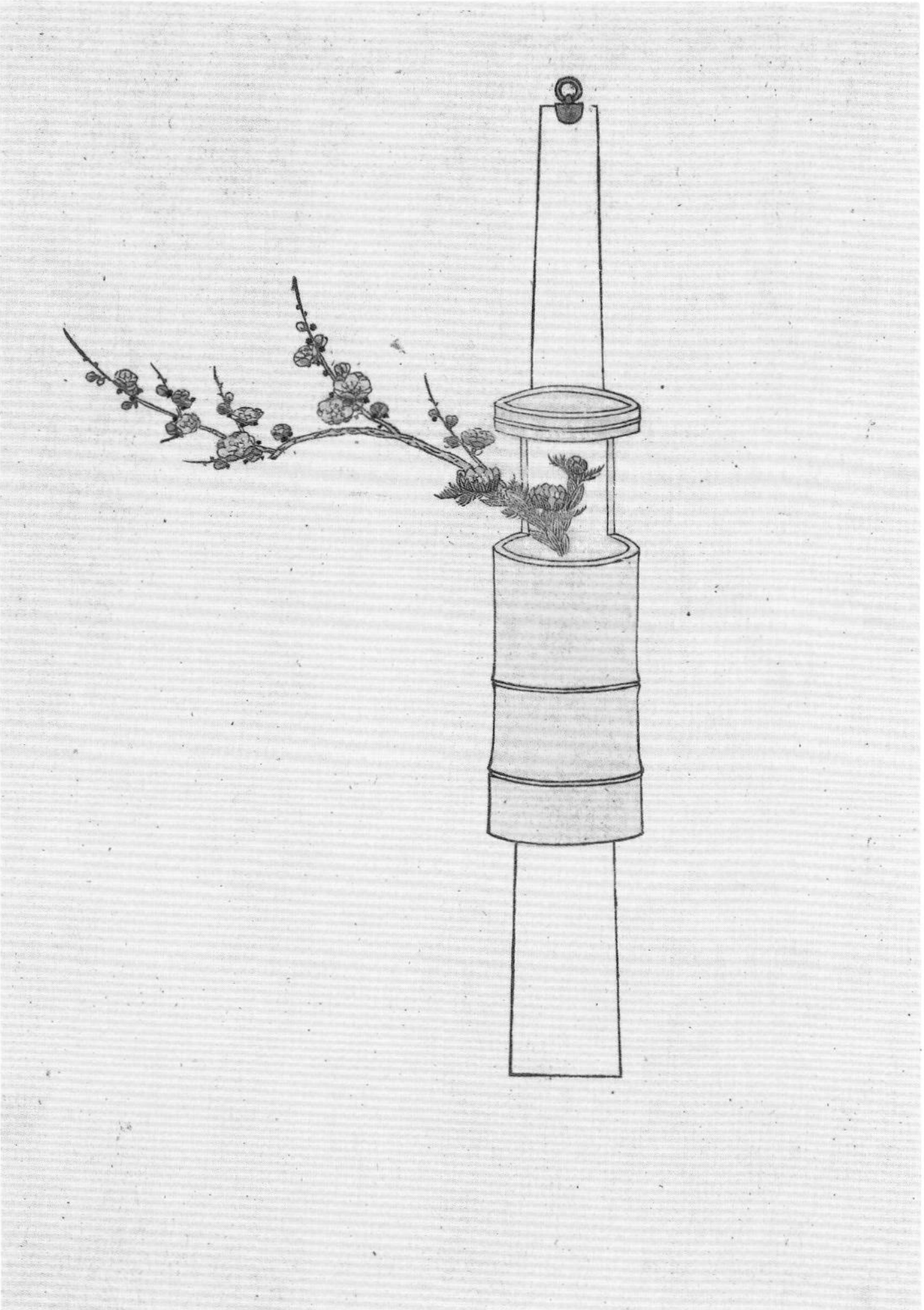

長く伸びた第一の枝、それに呼応する第二の枝が立ち昇り、水際の福寿草が二本の枝の動きを抑えながらも、紅梅の勢いある姿を強調しています。寛延二年（一七四九）正月に、専純が仙洞御所でいけた掛け花図に類似する作品ですが、同様の作品を『百花式』では専定と記しています。

竹内稔晴

【七十二図】

狗子柳　小菊

晩秋の狗子柳でしょうか。落葉の真際で、大きなカーブを描きながら力強く伸びる姿には、命の発露そのものを感じます。用いられている花器の「十三夜」は、素朴でひなびた味わいがあり、田野の風趣が伝わってくるようです。花器の特徴を描くためか、敷板と共に斜めからの視点となっています。

東勝行

【七十三図】芥子

大きさの異なる一枚一枚の葉の動きを見極め、わずかな葉数の内に下段から上段へと視線の流れが作られています。全体に小ぶりながらも動的な作品ですが、陽方手前に振り出した真の上昇する開花に対し、陰方の蕾を下降させることで、陰陽の対比の中に緊張感が生まれています。

竹内稔晴

【七十四図】千両

大きく弧を描いて伸び出る真と、それを追い掛けるかのごとき第二枝の副。この二つの枝の傾きを引き止める枝に、生きたもののはずみを与えるのは、第二枝の下枝の伸びようとする小さな動きと、下部の張り出た籠の形であり、花と器の見事な結合が見られます。

柴田英雄

【七十五図】 菊

自然で、無理のない菊の姿を生かした作品です。まず真を立て、それに呼応するように副を挿し、体はその二本の動きを抑えるように水際に入れています。

現代の生花には当てはまらない形ですが、自然の美しさが生かされていて、品のある趣を感じさせます。

井上三郎

【七十六図】

葉蘭　小菊

葉蘭がかくも美しく変貌するものかと目を見張る一作です。
素直に伸び立つ真と、その伸びを受けて呼応する副の妙。根元に添えられた小菊も楚々として、そのてらいのなさに、内面的な心の清らかさが感じられる作品です。

柴田英雄

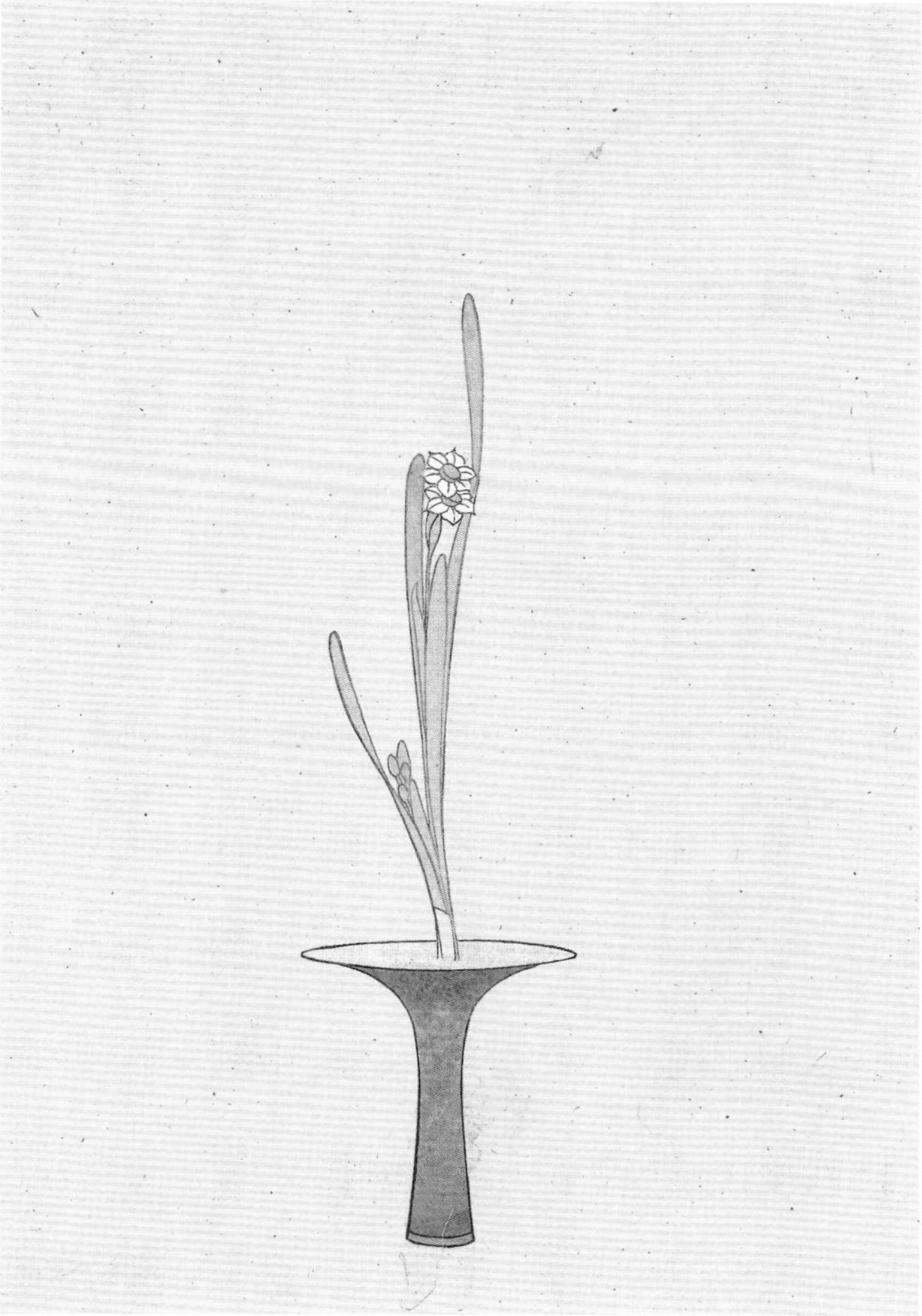

【七十七図】

水仙

素朴で清楚《せいそ》な水仙の美しさを表すものとして無駄のない構成を見せ、池坊いけばなの美的感覚をよく表出しています。陰陽二体で構成された作品で、体はいけばなの姿勢のうちに、その出生を待望する気配を見せることによって省略された体はずしの花です。

柴田英雄

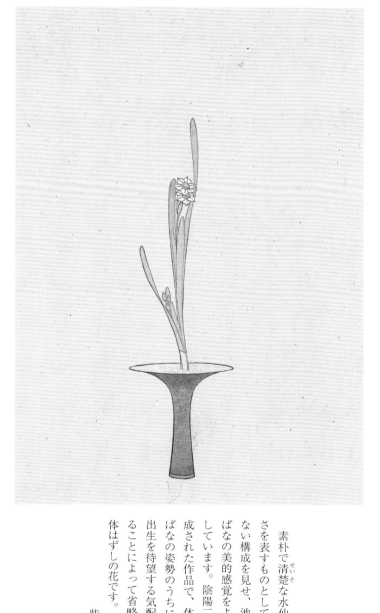

【七十八図】

ゆり

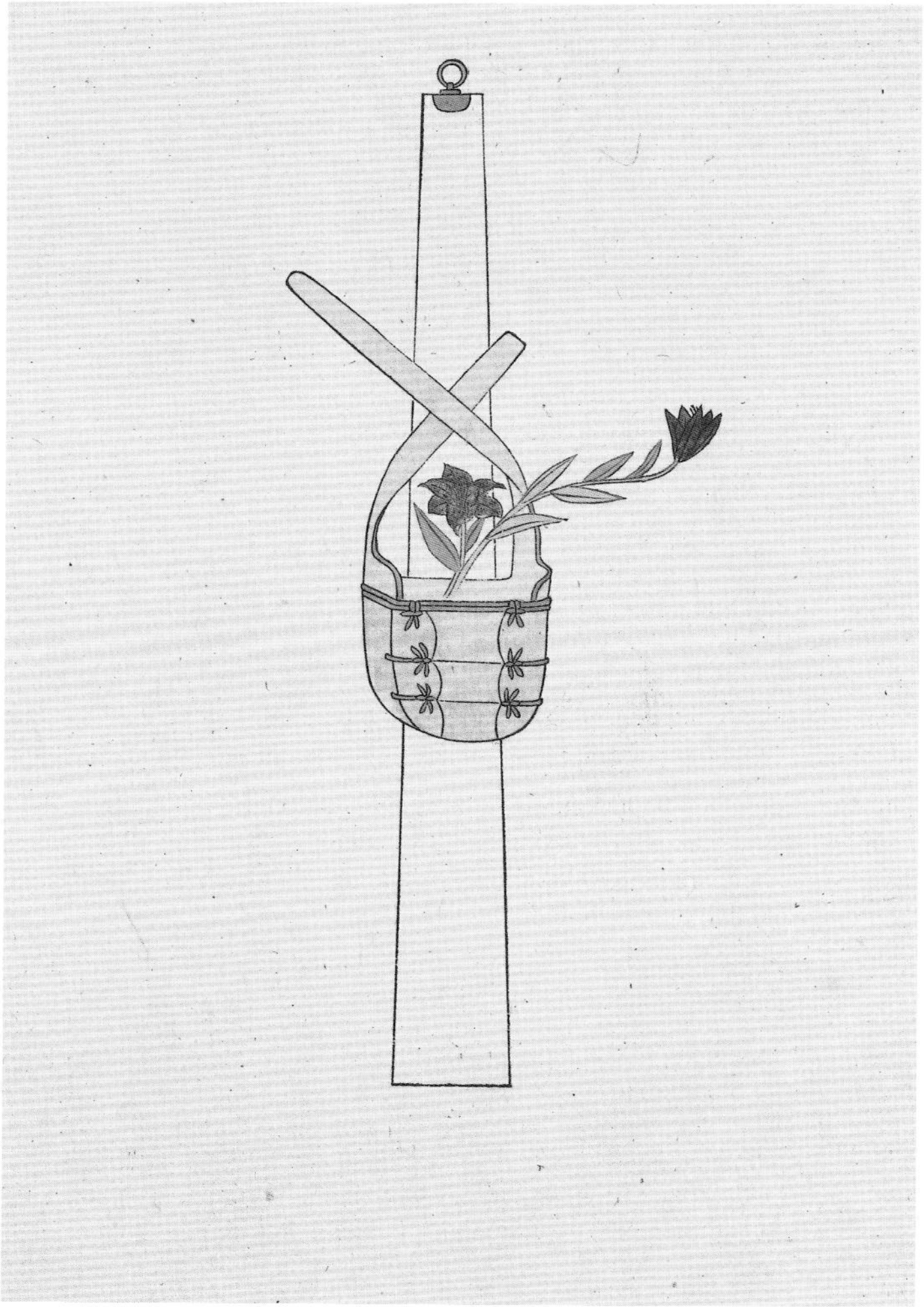

身近なゆりをたすき籠にいけた、掛けの花です。

『挿花百規』刊行前の文化元年（一八〇四）に出された『百花式』にも収録された作品で、そこには作者を池坊専純と記しています。

このような簡略な花は即席の花と言われ、数少ない中に表現する抛入花の影響を受けていると考えられます。

中村福宏

【七十九図】

狗子柳　燕子花

春の水辺の風景を捉えた、水陸生の初期の作品とみられます。男株の狗子柳の真副に、燕子花を根〆として花二輪を用いて呼応させ、女株は燕子花の葉ばかり三枚がいけられています。
なお、女株の挿し口は男株より後方寄りにいけられています。水物、陸物の定めはまだないようです。

井口寒来

【八十図】

菊

丸みのある器の形状と温かみのある土の素材感がそのまま菊の花の丸みと一体となり、上方へ展開しています。二輪菊であることの特性を生かした花の配置に確かな眼力が見られ、妙なる技が感じられます。『挿花百規』には数少ない、敷板が描かれた作品です。

倉田克史

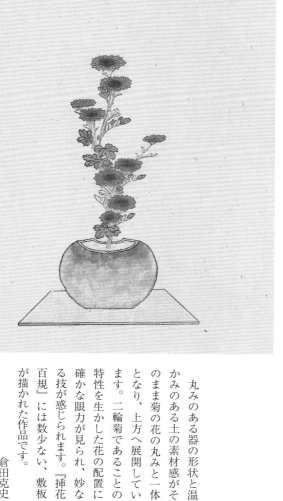

【八十一図】燕子花

竹のどっしりとした一重切に、燕子花の開花が勢いよく、優美な姿に立ち伸びています。真の開花には蕾が寄り添っており、両者が互いに引き立て合っています。真のあしらいの葉も伸びやかで、窓の内にある、葉に囲まれてひっそりと咲く燕子花との対照がこの作品を魅力的に見せています。水際の一枚の葉が出生をよく表しています。

瀬島弘秀

【八十二図】

川柳　椿

大きく張り出た横枝を生かし、籠の持つボリュームに負けない迫力を備えた作品です。

真の曲がりの部分に副の力を持たせ、実際の副の枝は、うまく真の曲がりに合わせて軽く扱っています。根〆に使った椿が挿し色のようによく効いており、全体に艶っぽさを感じさせています。

中村福宏

【八十三図】燕子花

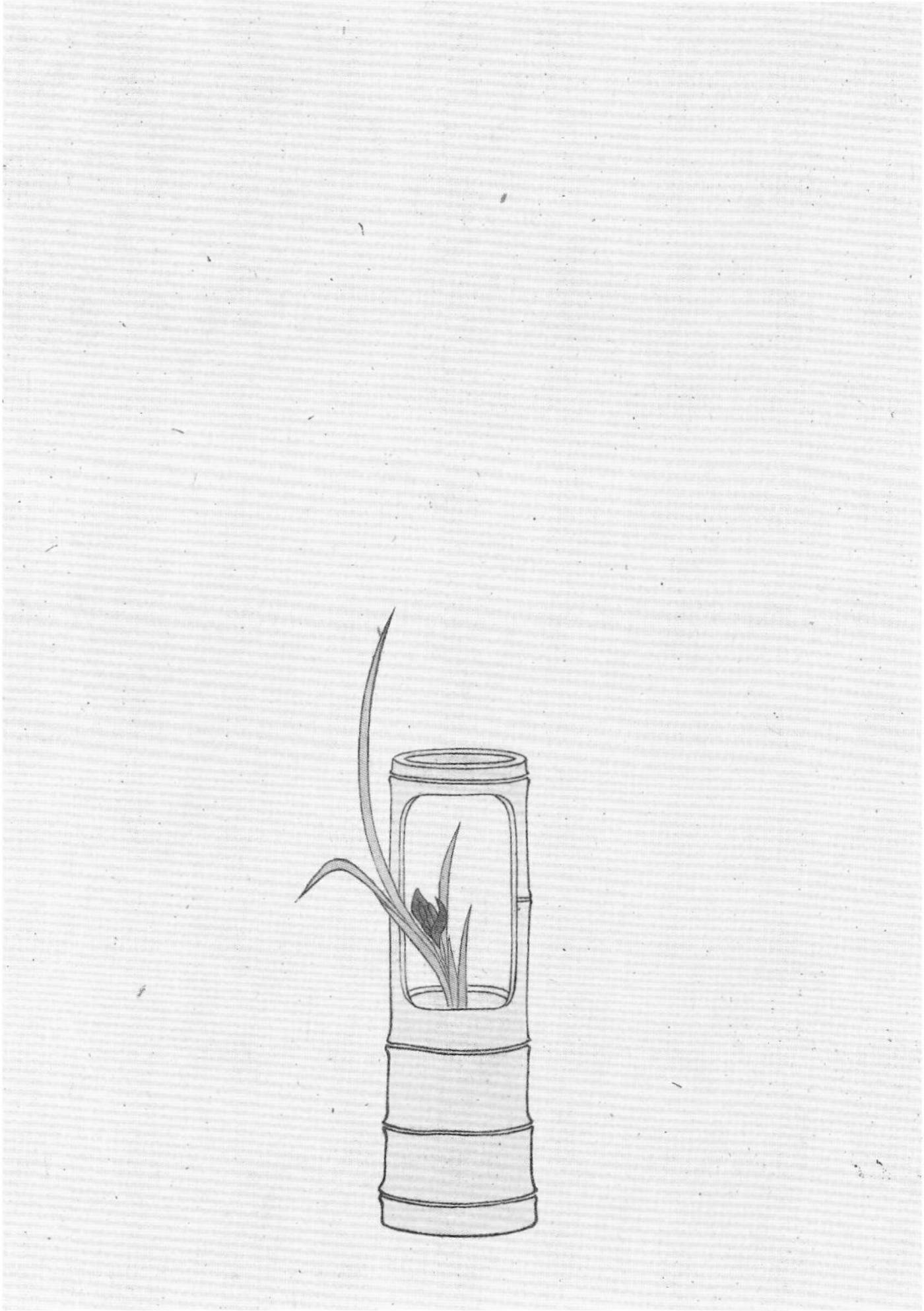

両窓一重の花器を用いた、燕子花の一種生です。葉五枚、花一輪でいけられた早春の姿を見せ、真の葉は高く伸び、その前に副の葉が挿されています。体の葉は二枚で組まれ、三枚目の葉は未分であると思われます。体奥の葉が花器の中心に働くことで、安定感を生んでいます。花は半開きで、未来を暗示させています。

伊貝玉永

【八十四図】梅　椿

専定は、草木から受けた感銘を〝真の腰〟の内に秘め、その心を最も大切にした家元だと思います。
水際から立ち昇る枝を光の方へ向かわせ、梢は中心へ戻すというこの象徴的な姿を規矩に展開したところに非凡な才能を感じます。
この作品では、太い幹をあまり長く用いず、幹から伸び出る枝に生命感を捉えています。

松永滋

【八十五図】燕子花

四季を通じていけられる燕子花。この作品では、花九輪と花数が多く、またその葉も素直な性状であることから、初夏にいけられたであろうことが想像できます。

薄端《うすばた》に満々と張られた水から抽《ぬき》んでた姿には、燕子花本来の野生の素性が見えてきます。体の葉組みが今日とは異なるようです。

古川守彦

【八十六図】

牽牛花

床柱に掛けられた横掛の作品です。「尺八」と呼ばれる竹器に、夏の朝、日ごとに新しく咲き変わる牽牛花（朝顔）がいけられています。今日咲いている一輪に、明日咲く蕾が必ずひっそりと添えられます。牽牛花は蔓性で、自立することが難しいため、通常は竹の穂か萩の枯れ枝を支柱とし、これに蔓を巻き付けて用います。

東勝行

【八十七図】ゆり

花器口がゆがんでおり、また特徴ある曲がりの籠の手が描き出す空間に、ゆりが二輪小さく入れられた作品です。無造作ながら「体用比和」の気が鋭く感じられ、ゆりの斜めに伸び出す茎と籠の口つきとの釣り合いが面白く、生き生きとした「はずみ」も感じられます。

竹内稔晴

【八十八図】

椿

すっきりとした作品で、今に伝わる伝花「椿一輪」の元になったかのようです。
真は自然の姿を生かして陽方に傾け、副は一枚の葉で軽く見せ、全体のバランスは体の開花と葉で取っています。杵形の器ともよく調和しています。また、画面に対し小さく描かれているのも、作品の心をよく表しています。

井上三郎

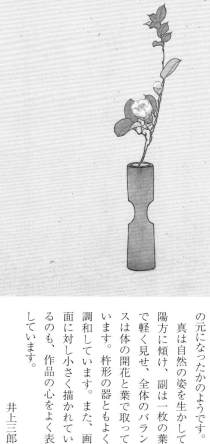

【八十九図】木瓜

薄端にいけられた木瓜の一種生です。今でこそ木瓜はよくいけられますが、とげがある雑木として、かつてはあまり好まれない花木だったようです。

作品の木瓜は葉を付けていることから、春先のもののように見えます。真に付き枝が多く見られ、これがうまく働いて真の力が保たれています。体はずしの心で、粋な生花に仕上がっています。

中村福宏

【九十図】椿

水を張った馬盥形の珍しい器に、椿の花二輪が葉を省略していけられています。小さい空間の中に、大樹となる椿の命が凝縮された作品です。陽方後方にある石は、石生の名残でしょうか。上に置かれた香炉も存在感を放ち、どこにこの作品が置かれたのかが興味深いところです。

井口寒来

【九十一図】

蓮

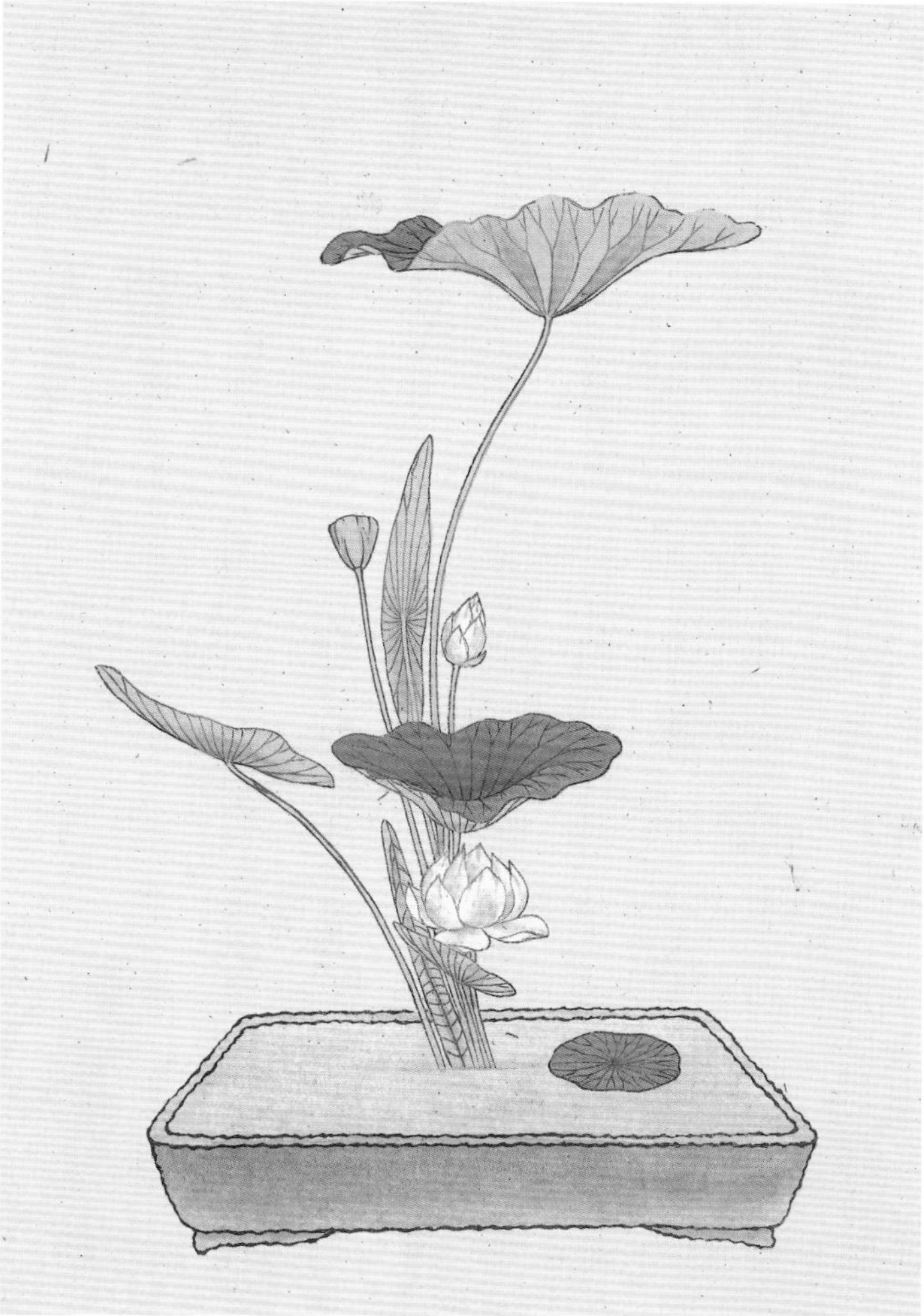

現代の「七種傳」にある蓮の伝花の起こりを感じさせます。白蓮花から伝わる少しの戯れも許さないその意志は、一切の無理な姿を許容せず、蓮肉は立ち伸び、朽ち葉も添えられていません。六十二図の蓮とはまた異なる性格を秘めているようです。

副の葉の茎が少し離れて水面から出ているのは、かえって池中で一緒になっていることを暗示させます。

倉田克史

【九十二図】水仙

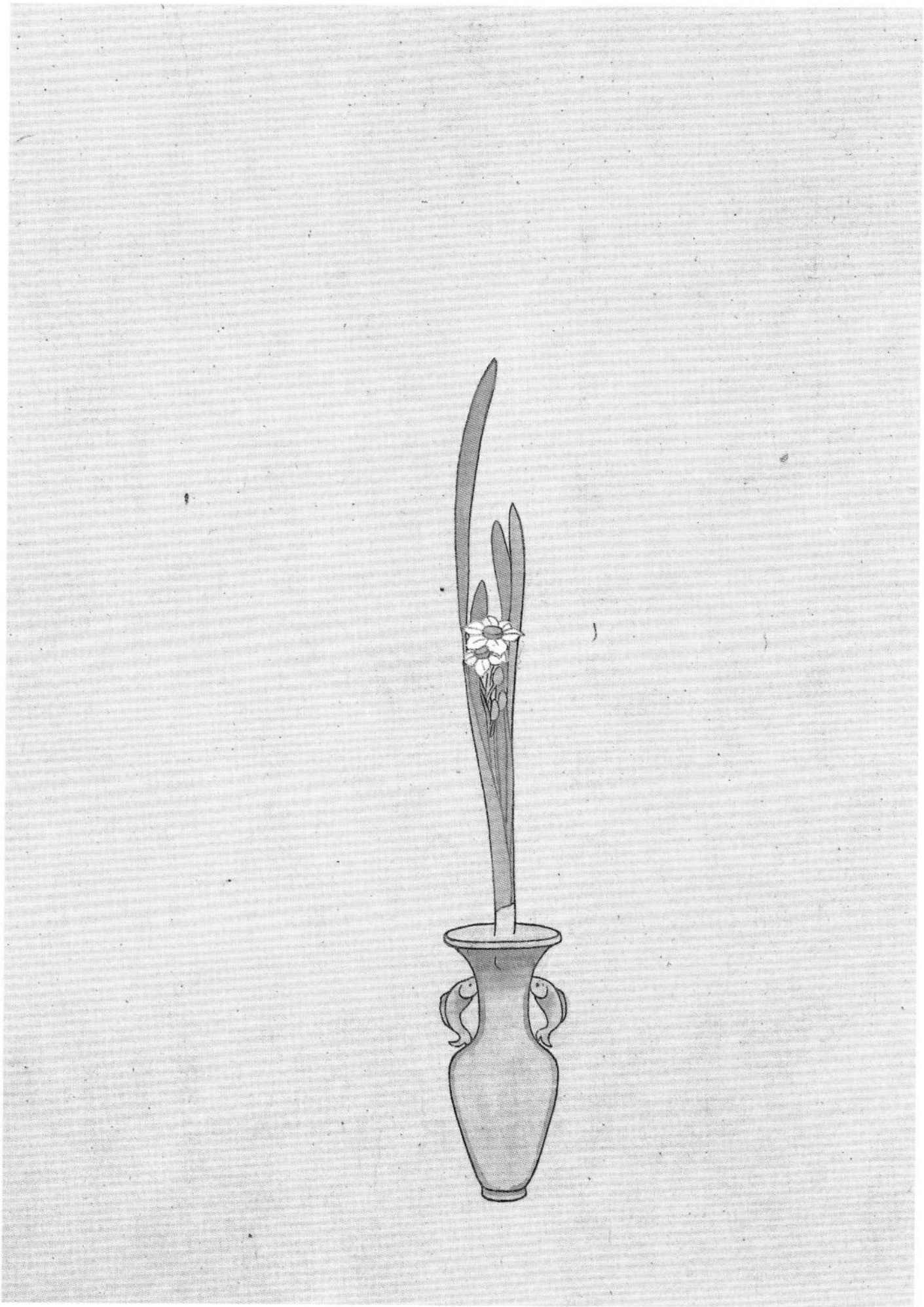

風雪に耐えながら厳寒に咲く水仙。作品は一株だけでいけられており、葉一枚を高くし、残り三枚の葉で花を抱いているようです。水際の白根が全体を引き締め、花器と水仙の姿が一体となることで、清楚で気品ある作品になっています。

『挿花百規』には水仙の作品が複数ありますが、この作品が一番簡素です。

瀬島弘秀

【九十三図】茶　小菊

茶の木に小菊を根〆とした二種生です。秋から冬にかけて白い花を咲かせる茶の木に、小菊を取り合わせることでさらに季節の移りをよく感じさせています。

茶の木は葉を取らないのが習いですが、この作品ではあえて葉を省略し、枝の面白さ、花の美しさを際立たせています。副を低く扱うことで、真の伸びを出しています。

伊貝玉永

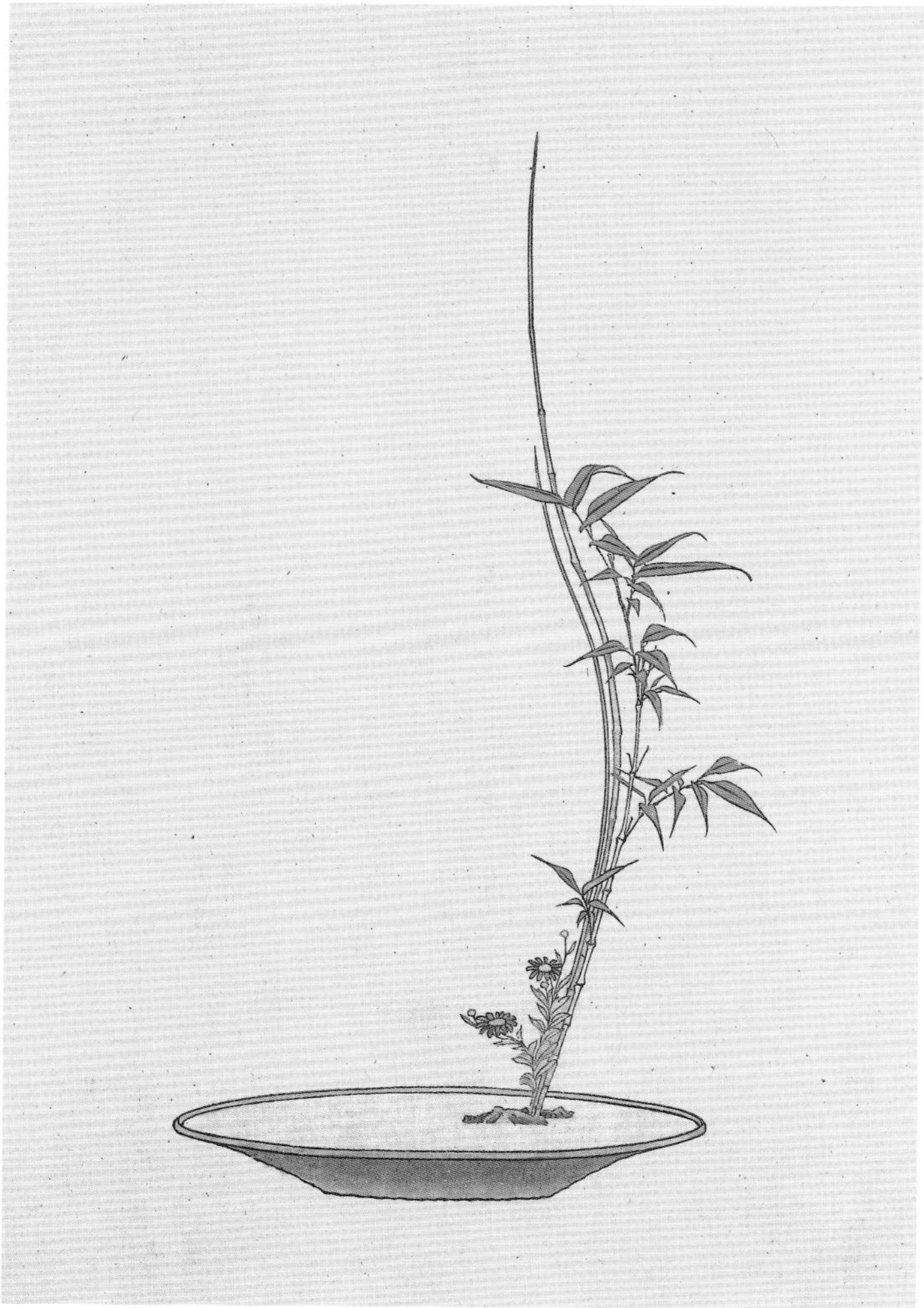

【九十四図】寒竹　都忘れ

いかにもすがすがしい、伸び伸びとした感じを受けます。小篠に添った若竹がわずかな曲線を見せて伸び立っているのは、地から萌え出た意思を保つ姿であり、これに添えられた都忘れには、混濁のない素朴さが感じられます。少し横にずらした水際は左の水面を広く見せ、わずかにのぞく石に清澄な空気に満たされた空間を感じます。

柴田英雄

【九十五図】菊

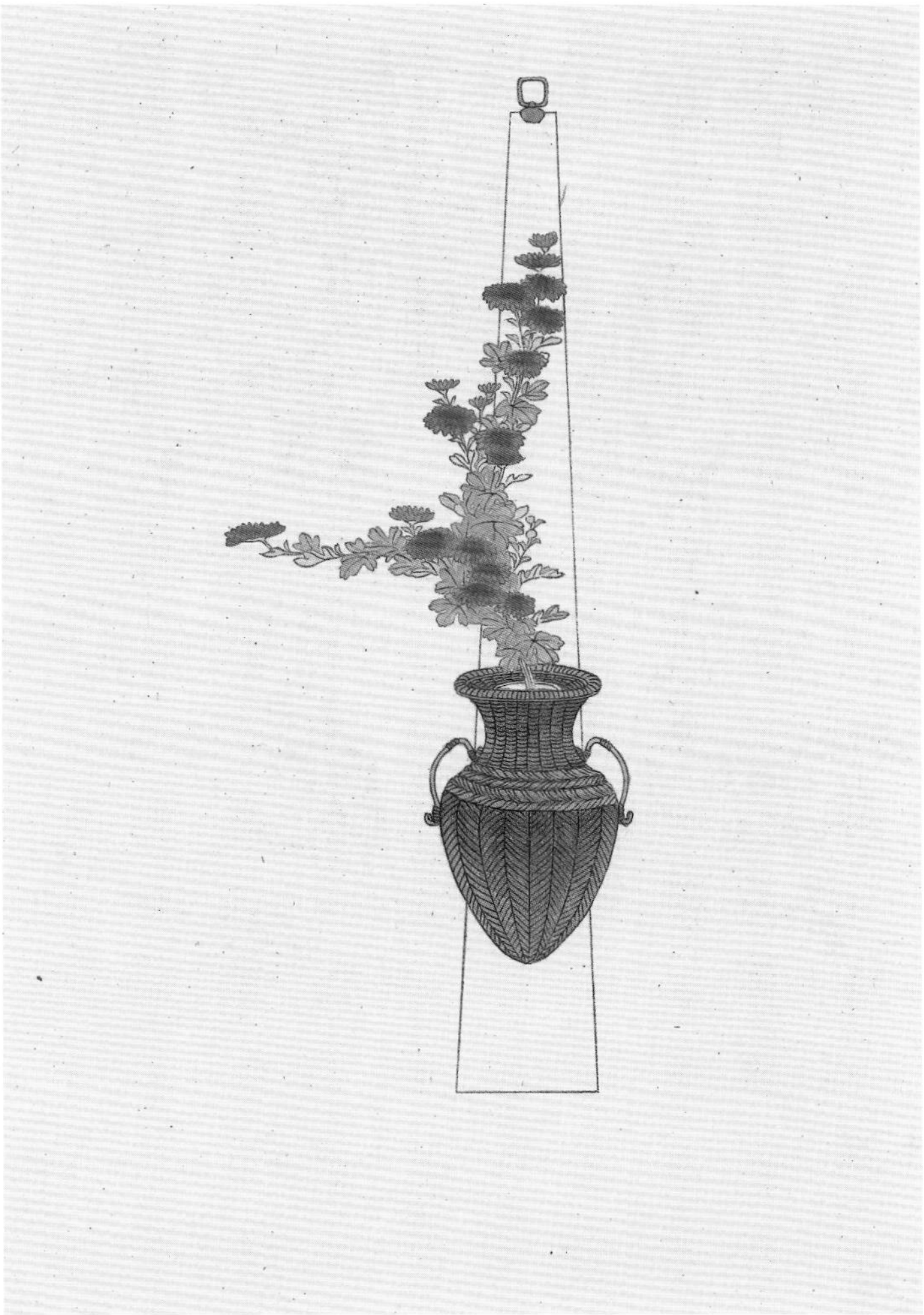

置き生にすることも可能な菊一種を向掛にした作品です。どちらの花形も可能な花材としては、水仙、椿、燕子花などがあります。
　この作品の魅力は、立ち昇る真の菊と、副の菊との呼吸です。専定にしては他の菊の作品と違って数多くの花を用いており、この花の粗密の変化に多くの学ぶべき点があります。

松永滋

【九十六図】

梅　寒菊

素直に立ち伸びる梅の若枝。そしてその横枝を生かして副に働かせています。また、真に沿うように入れられたずわえは、その伸びやかさを助長しています。根〆に添えられた寒菊は、力まない自然の姿をしており、全体を通して見ている者に心地よさを与えます。すぐそこに来た春の気配を感じる一瓶です。

古川守彦

【九十七図】菊

素朴で野趣に富んだ花。自然とは美の宝庫であり、人は自然美を補おうとしてかえって損ないがちです。自然美は美のお手本であり、花器もこの花に似つかわしい野趣に満ちた根竹を用い、削り跡も景色となって好ましく感じられます。

柴田英雄

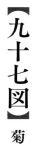

【九十八図】椿

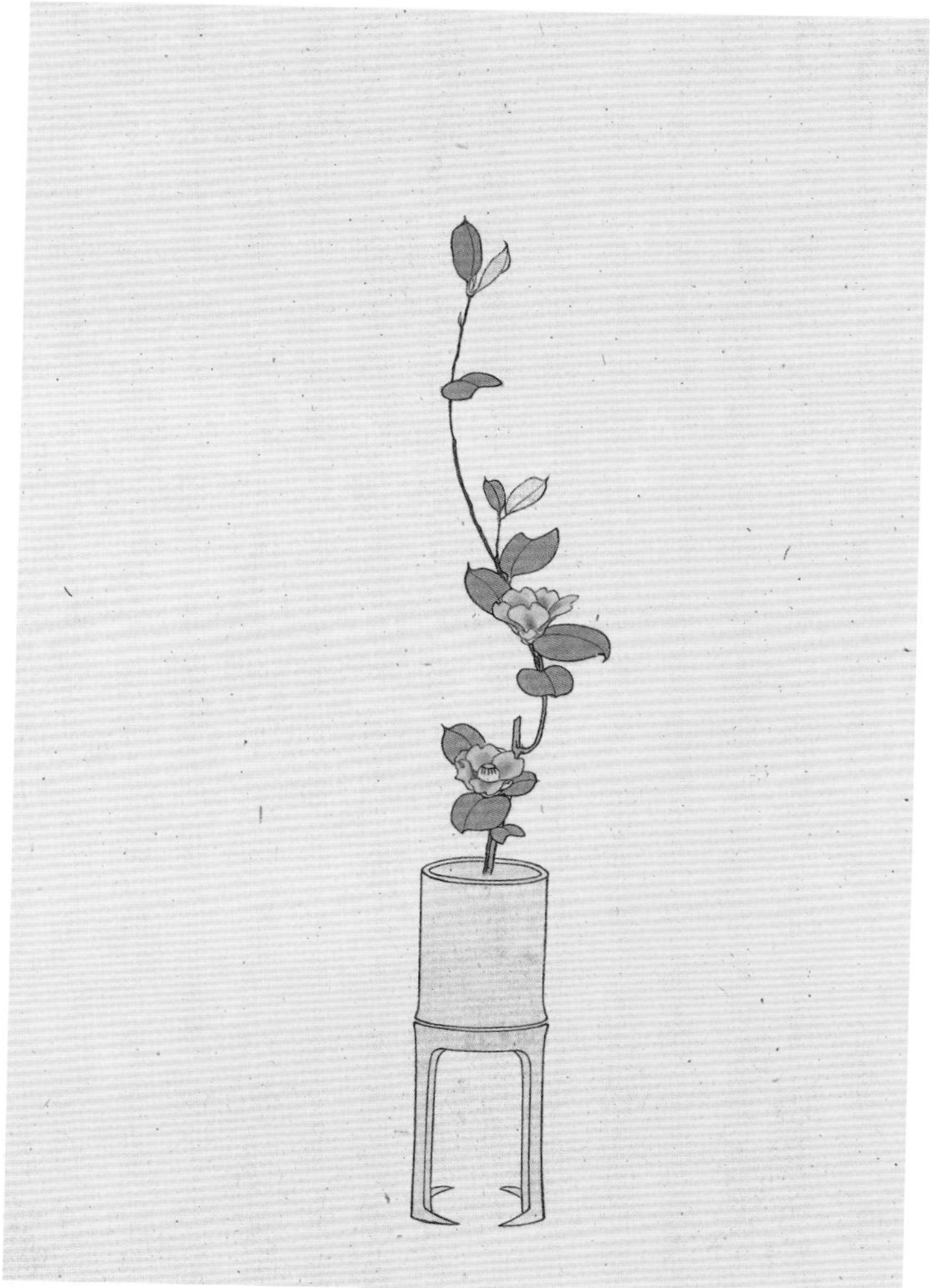

椿の一種生は『挿花百規』に五作収録されています。

この作品は、付き枝の不自然とも思われる張り出しから素直に立ち伸びた曲線が美しく、程よく付いている葉と副の力を示している一輪の花には、一つの作意も感じられません。また、竹の器との調和も見事で、感動を覚えます。

東 勝行

【九十九図】茶　小菊

かわいい白い花を咲かせた茶の木を、籠の手が作る空間いっぱいに、真の腰を深くとって大きく伸びやかにいけています。副は軽く扱いながらも籠の手をわずかに切っており、これは前副ゆえのことと思われます。根〆の菊は真に沿いながら下段を引き締めており、全体の調和が図られています。

九十三図の茶の表情とはまた違う一面を捉えています。

瀬島弘秀

【百図】菊

下段の開花の付き枝が副となり生かされ、中段にも開花を用いながら、再び真に中開きの花を用いることで、水際から自然と生い立ち、成長していく菊の生命感が品よく映し出されています。静かに立ち伸びるたおやかな姿からは、菊の香りさえ感じられるようです。
丸みのある花器がよく合っています。

竹内稔晴

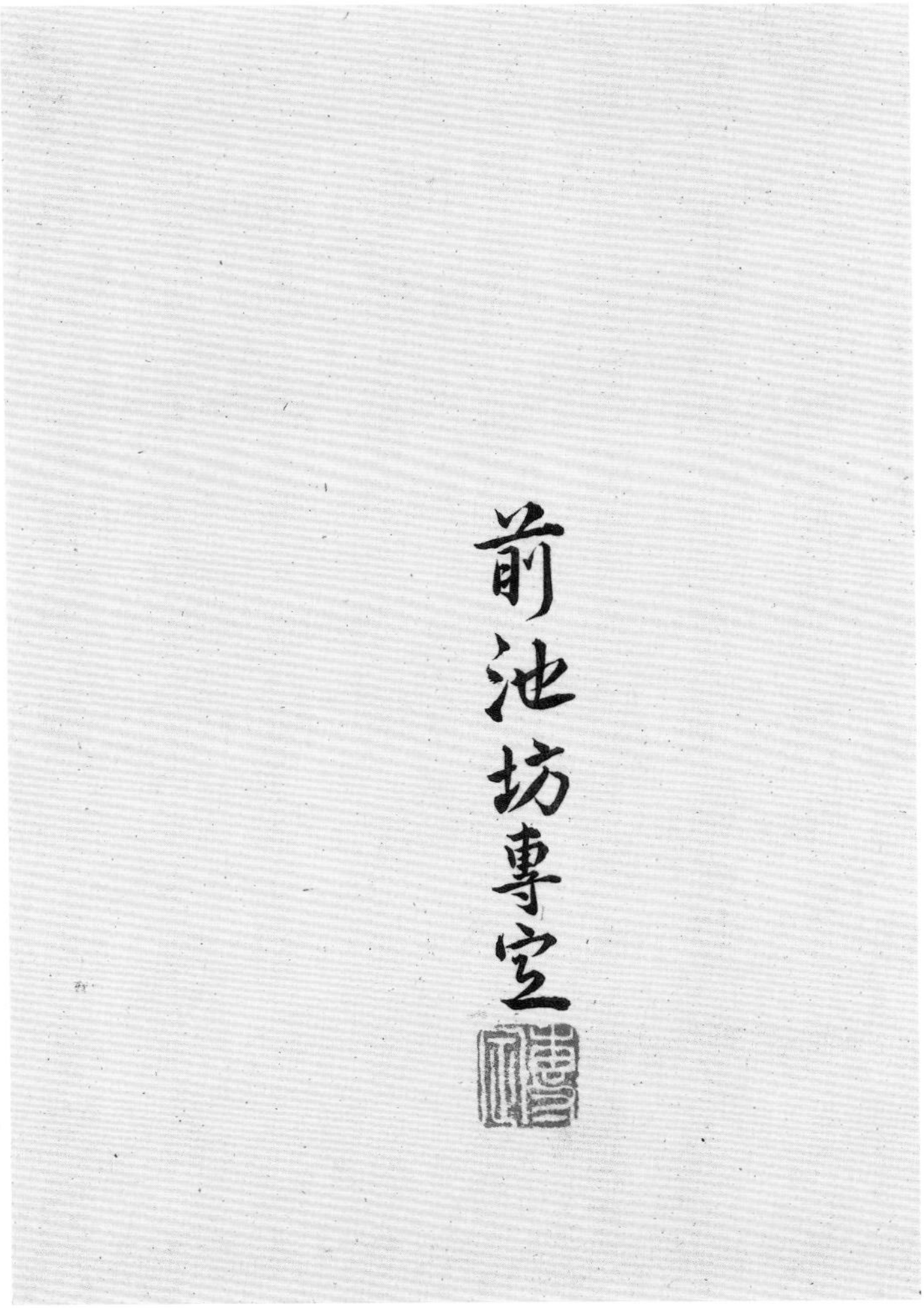

前池坊専定（印）

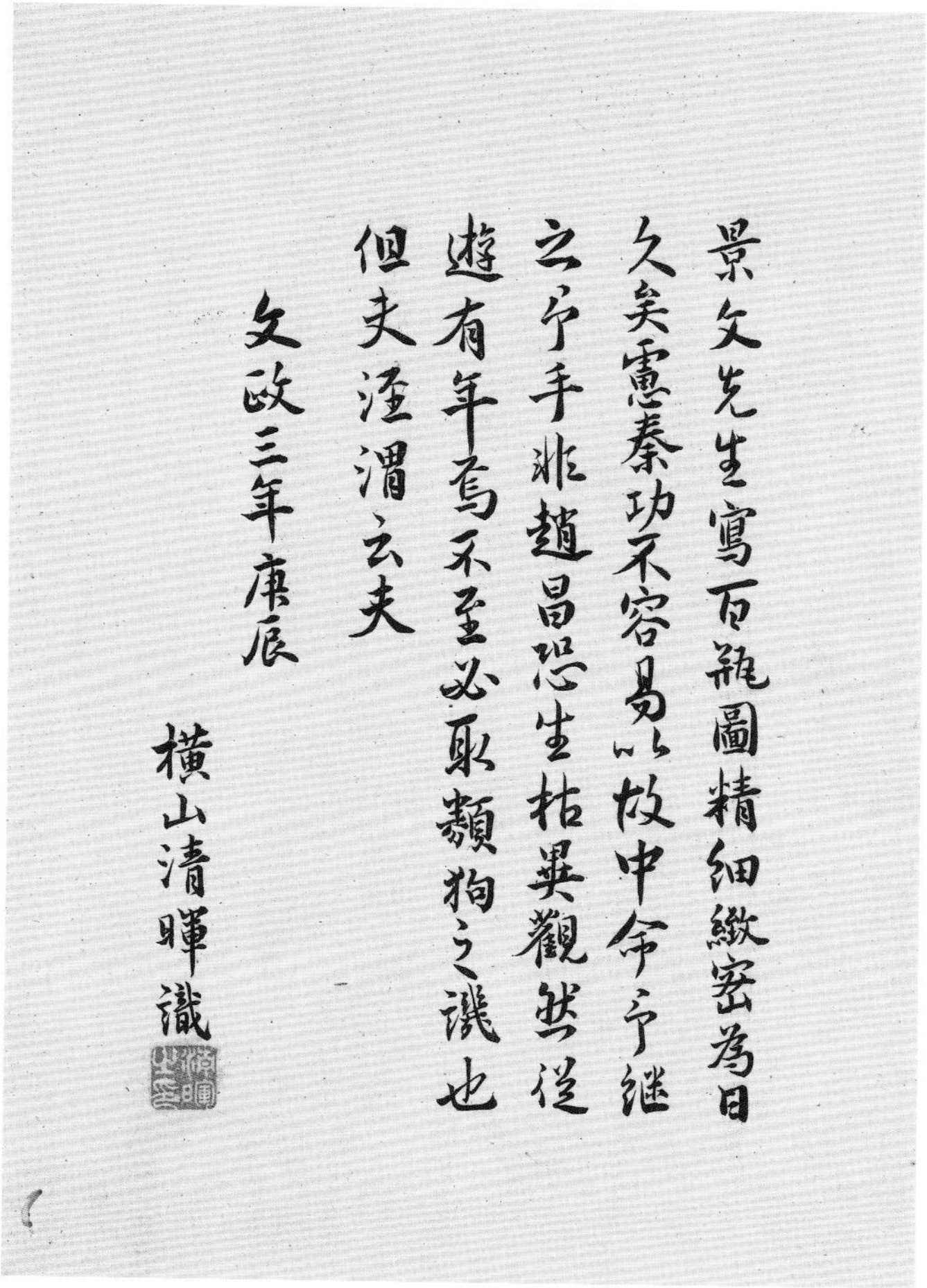

景文先生写百瓶圖精細緻密為日
久矣慮奏功不容易以故中命予継
之予手非趙昌恐生枯異観然従
遊有年焉不至必取類狗之譏也
但夫涇渭云夫
文政三年庚辰
横山清暉識
（印）

資料：池坊専定が描いた草木

岸駒に絵の手ほどきを受けたという、専定直筆の草木図がいくつか残されています。

専定生花の理解を深めていただくため、ここにそれらをご紹介し、専定が草木に向けたまなざしを感じていただきたいと思います。

（『挿花百規を愉しむ　乾』にも数図収録）

「専定師立華図」

専定自らが立て、描いた立花図です。使われている丸龍耳付の立華瓶は、後の専明、専正代の立花を描いた絵図にもたびたび登場します。今日の前大葉遣いと異なり、裏を見せた大葉を上段に三枚、表を見せた大葉を中段に二枚使っています。粗密を考慮しながら、わずかな隙間にも、細かな枝葉が入れられています。

「蘭生花図」

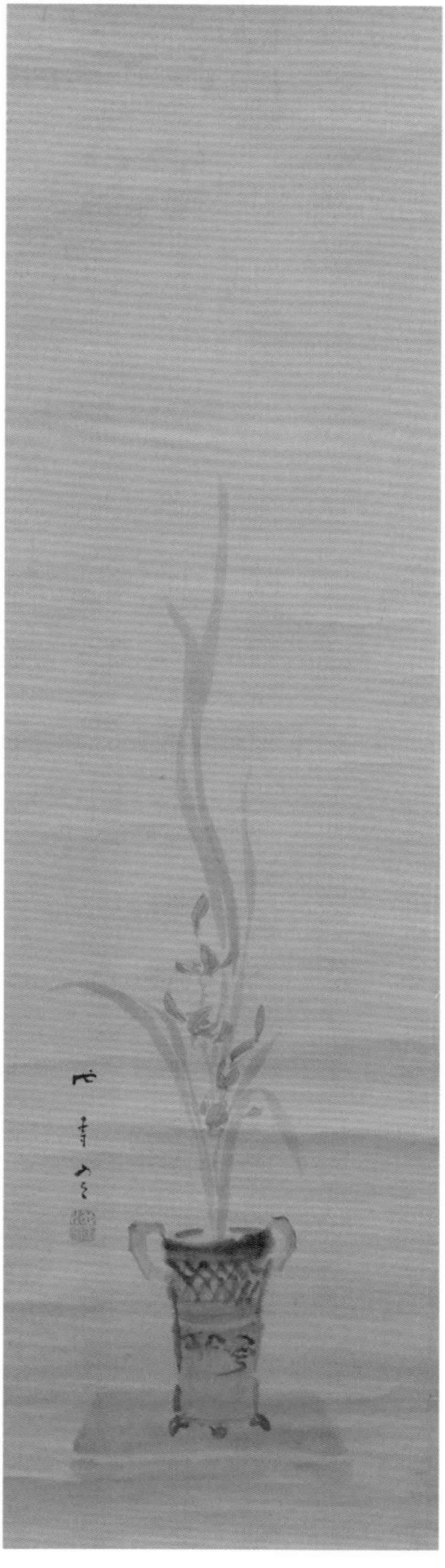

蘭を土器のような花器にいけた生花です。「専定師立華図」（右ページ）が緻密に描かれている一方、こちらは輪郭線を取らずに、没骨法で描かれています。前副の姿をとり、真の葉はうねりながら立ち上がっています。『挿花百規』にも見られますが、真の動きに草木が受ける自然の力が感じられます。

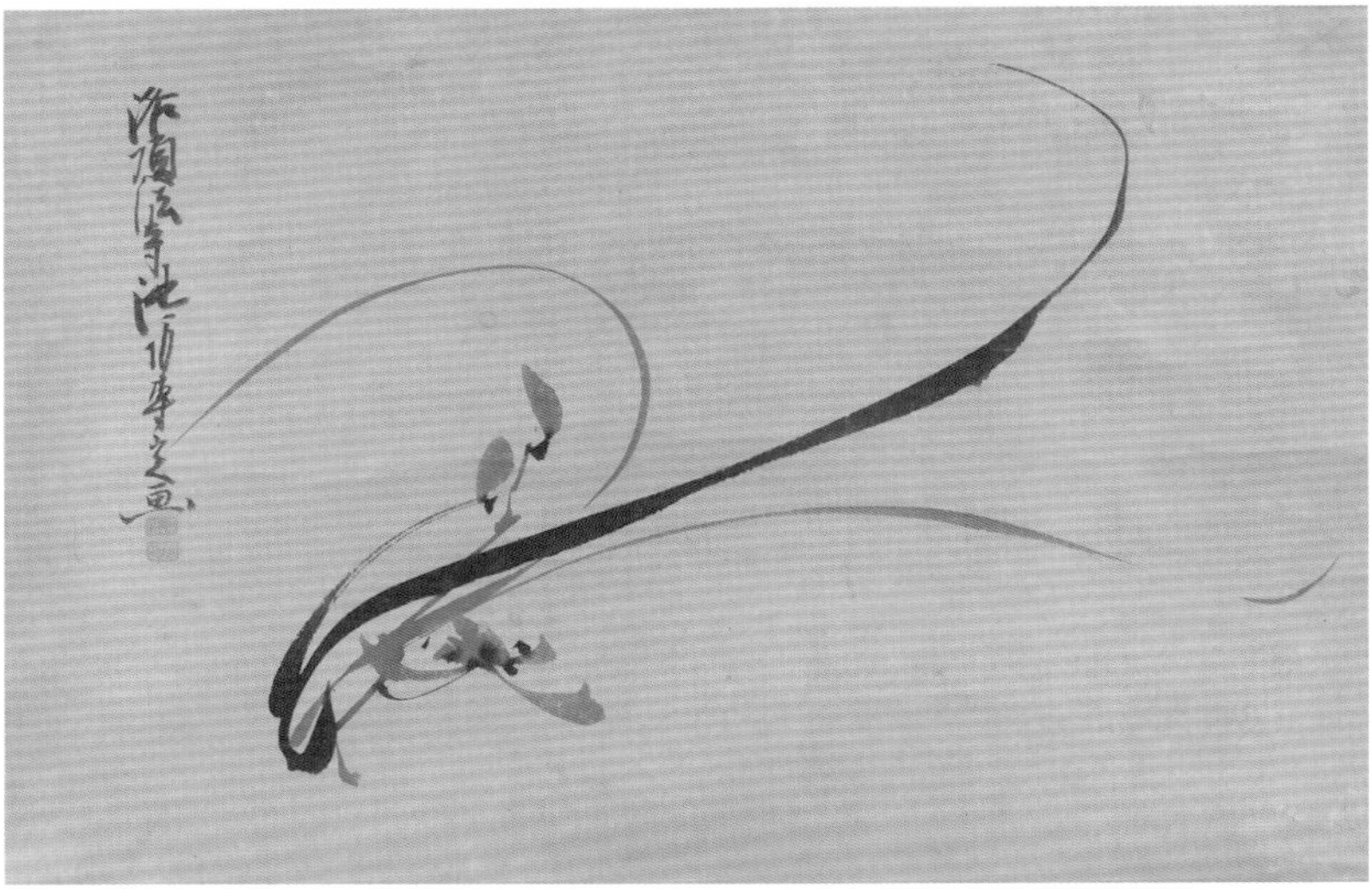

「専定蘭之図」

自由奔放な動きを見せる葉が印象的な蘭です。花は比較的特徴を捉えて描かれていますが、葉は思いのままに運んだ筆の勢いが生かされています。墨の濃淡で葉の遠近が表現され、さらに花の持っているであろう美しい色彩までもが見えてきそうです。

「水仙之図」

生花では、水仙の凜とした姿をいけ表すため、葉が引き締まり、まっすぐに伸びたものを好んで用いますが、ここに描かれている水仙は、葉が大きく曲がっています。実際の水仙は、風を受けてしなるもの、雪の重みで曲がるもの、春の陽光で撓《たわ》むものがあり、そうした自然の姿を描き留めようとする専定のまなざしが感じられます。

「瓢箪之図」

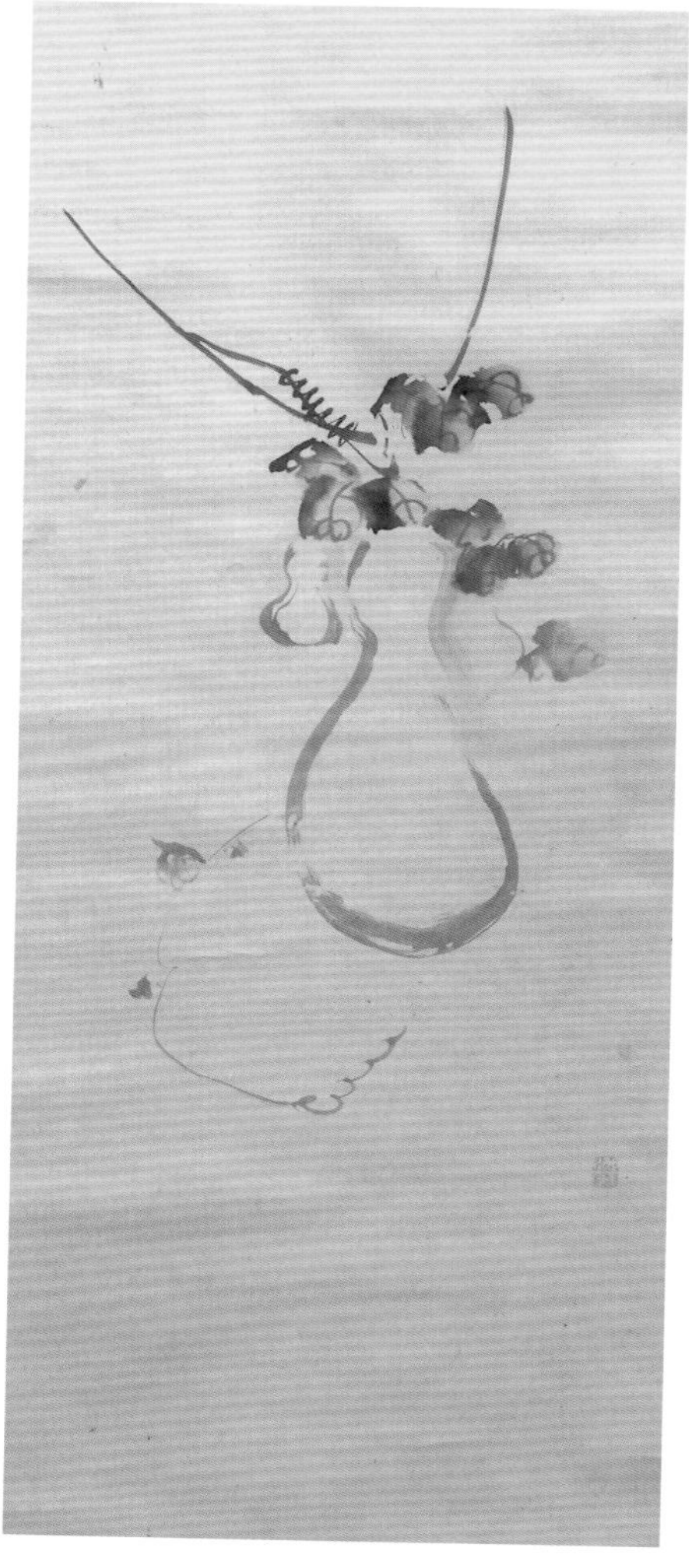

大らかでぽってりとした瓢箪の姿を、非常に簡素な筆遣いで描き出しています。たらし込み技法が用いられた葉の表情が豊かな反面、形だけを捉えた瓢箪への想像力が高められます。瓢箪を特に好んだ専定は、『挿花百規』の表紙の生地模様や落款印、雅号も瓢箪にちなんだものを使用しています。

「菊之図」

中菊の花弁が丁寧に一枚ずつ描かれています。また、葉は下から上にかけて墨の濃さを使い分け、さらに丸みを帯びた葉の持つ立体感までをも表現しています。部分ではなく、全体を捉える視点がよくわかる絵図です。この絵図には落款がありませんが、専定筆と伝えられています。

【池坊専定の落款】

池坊専定の落款は数種類あり、立場により使い分けていたようです。絵師でもあった専定は「池専定」と記すことがあり、他に「養雨亭」、引退後は「前華務」と書き添えました。また、和歌を詠む際には「池瓢庵」「養雨堂」と記すこともあったようです。

池専定

養雨亭　池坊

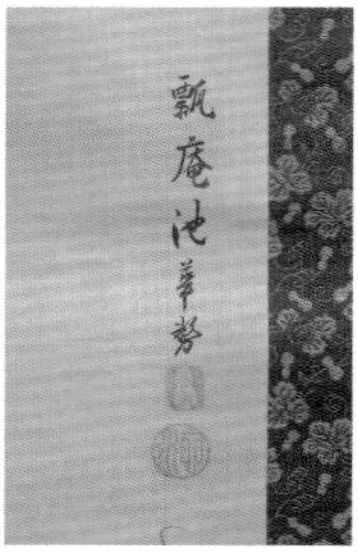
瓢庵池華務

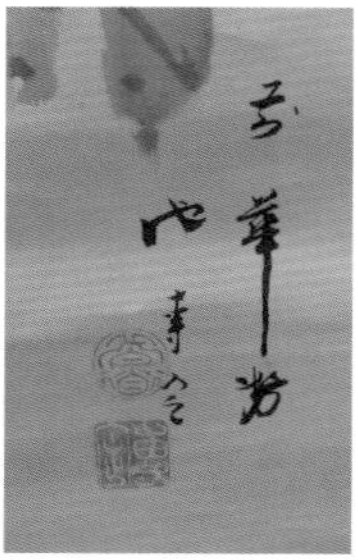
前華務
池専定

洛頂法寺池坊専定画

平安紫雲山人
前華務池専定

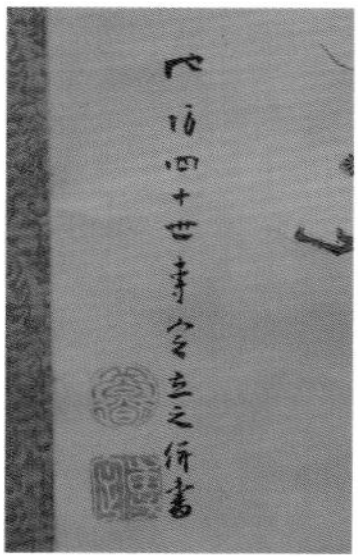
池坊四十世専定立之併書

池坊専定伝

四十二世専正が残した、四十世専定肖像画の讃には、次のようにあります。

天明の回禄、火中を奔走す。
霊仏恙無く、新宮に遷坐す。
二十余歳、苦辛すること窮り無し。
其の余力を奮い、華道亦た隆る。
往昔を追懐し、勲功を賛歎す。

専定は天保三年（一八三二）に死去し、その後の天保十一年（一八四〇）に専正が誕生しているため、「往昔を追懐し」というのは、四十一世専明から伝え聞いたことによるものと思われます。

この世代を超えて伝えられた専定の功績とは何でしょうか。

専定以前、池坊には不運が重なっていました。三十六世専純の跡を継いだ三十七世専意が早世。再び専純が三十八世を継いだ後、三十九世専弘も早くに亡くなってしまいました。そこで急遽、住職と家元を専定が継ぐことになったのですが、継承後まもなく天明八年（一七八八）の大火によって六角堂が焼失。専定は、寺の再建と家元体制の維持という難題に、同時に取り掛かることになったのです。

大火の翌年の寛政元年（一七八九）、専定は門弟に向け廻文を出し、困難に立ち向かうべく翌寛政二年（一七九〇）に立花会と生花会を開催することを通知しました。また境内に立花稽古所を建てたので、より稽古に励んでほしいとも記しており、まずは池坊の立て直しに着手しました。

　寺務については、仮堂を建てて対処しました。本尊である如意輪観音像は、専定が自ら背負って逃げていたため、大火の難を逃れていました。六角堂の本尊は秘仏であり、高さも一寸八分（約五・五センチメートル）程度であることから、厨子ごと持ち出したのかもしれません。なお、この秘仏の開帳が、専定代には数回企画されており、いずれも六角堂再建のための浄財を募る目的があったようです。また借財を重ねるなどをした結果、文化八年（一八一一）に本堂を再建。実に二十数年かけての悲願の達成は、冒頭に記した讃の「霊仏恙無く、新宮に遷坐す。二十余歳、苦辛すること窮り無し」の短い言葉で述べられています。

　続いて讃では「其の余力を奮い」、後に華道がまた興隆した旨が記されていますが、そのための施策は「余力」とは思えないほど多岐に及びます。

　まず、立花の図集としては約百年ぶりの刊行となる『新刻瓶花容導集』を出しました。ここには「家本（元）選」と記されており、「家本（元）」の文字が使われたのは、これが初めてとなります。

　華務では、立花中心の伝授体系を見直し、生花部門として「生花入門」を設立。これにより生花専修の門弟が増加しました。また、門弟組織の再編を行い、入門・免許取得に際して仲介する人物を各地に置くことで門弟がさらに増加。当時、門弟数は二万人に達したといいます。

専定は伝書の整備も行いました。従来からの『生花巻』に加え、『廻生巻』『草木集』『定式巻』を定め、これは今も『中伝』『皆伝』として伝えられています。

また、立花に関しても革新的な技法、構成を定めました。技法としては、「幹作り」を完成させ、理想の形に仕上げやすくしました。構成面では、立花の直真、除真、砂之物をそれぞれ真・行・草に分類し、さらに使用する花材によって三つに細分化することで学びやすくしています。役枝については、従来は七つだったものを、これに胴と控枝を加えて九つへ発展させました。いずれも、後世の立花発展に大きな影響を与える改革でした。

池坊発展のため、そして六角堂再建のため、精力的に活動した専定ですが、何より池坊門弟が一丸となって隆興を目指さなければ、どれもうまくはいかなかったでしょう。さまざまな方面に手腕を発揮した専定その人は、何より門弟の心をつかむ人間的魅力に溢れた人だったのではないでしょうか。

四十世池坊専定肖像画

挿花百規を愉しむ　坤

二〇二〇年　九月　四日　第一版第一刷発行

発行者　池坊雅史
発行所　株式会社日本華道社
編　集　日本華道社編集部
〒六〇四－八一三四
京都市中京区六角通東洞院西入ル堂之前町二三五
電話　営業部075－223－0613
編集部075－221－2687
デザイン・制作　朝日メディアインターナショナル株式会社
印刷・製本　図書印刷株式会社

ISBN978-4-89088-158-1